時報出

卡內基教你建立內在力量、
打造舒適關係、活出你自己

Take Command: Find Your Inner Strength, Build Enduring Relationships, and Live the Life You Want

喬・哈特
Joe Hart
麥可・克羅姆
Michael Crom
著

超越人性的弱點，遇見更好的自己

蕭美惠──譯

目次 CONTENTS

第二部——掌舵你的關係

第三部——掌舵你的未來

・前言 Preface・

誰是那個在個人層面對你產生深度影響、幫助你開發最大潛能的人？可能是你的父母、朋友或同事；可能是名人、運動明星或領袖，啟發你去做更偉大的事。對於我和共同作者麥可・克羅姆（Michael Crom）來說，人生中最具影響力的人，是一位我們從來都沒有見過的人——戴爾・卡內基（Dale Carnegie），他是《人性的弱點》（*How to Win Friends and Influence People*）、《卡內基快樂學：如何停止憂慮重新生活》（*How to Stop Worrying and Start Living*）的作者，同時也是全球知名的卡內基訓練的創辦人。

我記得，我還是個青少年的時候，父親向我提到卡內基。父親在家裡的廚房旁邊有一間小書房，有一天他讓我坐在那裡，好似要開始跟我進行一段嚴肅的對話。他說：「喬伊，人生最重要的就是自我成長，還有建立強健的人際關係。這本書可以給你幫助，就像它對我帶來的幫助一樣。」他交給我一本頗爲破舊的平裝版《人性的弱點》。在我翻閱那些破爛的書頁之後，我才發現父親就是這本書的活生生範例。無論我們去到哪裡，父親都會用燦爛的微笑與人打招呼，並叫出他們的名字。他是眞心關心他認識的人們。

許多年後，身爲一名年輕的律師，我決定參加卡內基訓練。我完全不知道這項課程竟然會改變我人生的方向。我受到課程的啟發，充滿了煥然一新的自信及願景，便離開法律界，投身商業，並創辦了一間數位學習公司。卡內基訓練就是我的第一個客戶。我和我的公司花了數年的時間研發線上課程，以加強學員及畢業學員在教室裡所學到的。在建立與行銷我的公司、面對令人氣餒的挫折、幫助第二項事業起步的過程當中，卡內基的理念一直都是我的無價之寶。卡內基的準則，讓我得以成爲更加體貼、關心、給予幫助的父親、丈夫、朋友與領袖。我認爲我大多數的成就，都要歸功於卡內基的智慧。現在，我有這個福氣及榮幸擔任卡內基公司的總裁暨執行長，也就是「卡內基訓練」（Dale Carnegie Training）——一家個人與專業訓練的企業，在全球八十六個國家有兩百個據點，致力於幫助人們和團隊啟發自身潛能，發揮最佳表現。

麥可的故事則有些不同，因為他是卡內基的孫子。他的童年很快樂，所生長的家庭不只是在商業上應用卡內基的理念，同時也發揮在家庭關係上。麥可的父親歐立（Ollie），年輕時就加入了卡內基的公司，擔任現場培訓師，最終成為執行長。

「我仰慕我父親，總是希望能跟隨他的腳步，但是我當時非常內向。我很害羞、不愛出風頭、跟人相處時總是覺得不自在。青少年時期，我永遠無法想像自己能成為像我父親那樣的培訓師或領導者。然而，我十五歲時上了卡內基訓練課程，從此一切都改變了。我一夜之間擁有了新工具，有助於我擁有勇氣和自信。簡直就像是開啟我人生的一個全新篇章。」大學畢業一年後，麥可加入了卡內基公司。他跑遍全美，做過運送人員、軟體開發、教學設計，最終來到全美銷售及管理的位置。「我喜歡幫助客戶開發足以改變人生的技能與工具，就像這項訓練課程改變了我的人生一樣。」麥可最後成為了卡內基訓練的執行副總裁暨學習長。現在，他活躍於他的教會和社區，同時也是幾間公司的董事，包含卡內基公司。雖然他最重要的身分是一位父親及丈夫，但他認為，能夠幫助別人找到潛能，意義十分重大，而且很有成就感。

☺ 戴爾・卡內基是誰？

卡內基出生於密蘇里州的一間農場，他的父母非常辛勤努力地討生活。每一年他們家都會遭遇不幸——洪水將作物全數沖毀、家畜感染疾病死亡，還有沉重的負債，導致他們不得不將農場賣掉。即使面臨這些困難，卡內基的家庭還是很緊密、充滿了愛。他的父母非常希望能讓卡內基和哥哥克利夫頓（Clifton）過上更好的生活，於是搬家，讓兄弟倆可以去上附近的師範學院。卡內基在那裡就讀時加入辯論社等社團，發現了自己對於公開演講所抱持的熱忱，經過一番努力，卡內基成名了。從學院畢業後，他決定嘗試做銷售，剛開始銷售函授課程並不成功，於是他改爲銷售肉品，這讓他成爲全國最成功的銷售員。接著他並沒有加入管理階層，反而是搬到紐約市去追尋演員夢。他的演藝事業並不成功，所以他又嘗試了幾種不同的工作，最終才找到屬於自己的天職——教育。

在教導學生的過程中，卡內基發現我們的恐懼、懷疑、擔憂都可能阻止我們前進。他認爲公開演講是開發潛能的關鍵。一九一二年，他創辦了戴爾卡內基訓練，一開始是要幫助那些對公開演講有所恐懼的人。他很快就發現，說話也可以幫助人們培養經營人際關係的能力，這是人們獲得成功的一項很重要的因素。

在他的學生——西蒙與舒斯特（Simon & Schuster）出版公司的業務經理的建議之下，戴爾寫下了《人性的弱點》一書。它幾乎立刻躍升爲全球暢銷書，令戴爾感到十分驚訝又開心。事實上，它是二十世紀最暢銷的書籍之一，大約賣出六千萬本，之後他又寫了另一本暢銷書《卡內基快樂學：如何停止憂慮重新生活》。這些書籍和課程的成功，讓卡內基將「卡內基訓練」發展成全球組織。卡內基的課程變得非常受歡迎，如今，在一百多年之後，全球有數百萬人曾經接受過卡內基訓練，幫助他們過上更富裕、更圓滿的人生。

為何我們要寫下這本書

我和麥可都從卡內基身上學到很多。我們相信只要人們實行卡內基所教導的，就可以達到個人的成長、使人際關係更加強健、創造自己想要的人生。我們都很有熱忱，希望和人們分享這些智慧。我們知道當我們實行卡內基的理念，就能讓人生、家庭、工作和社會都變得更好。

如果你此前從來沒有接觸過卡內基，你可能會有一個印象，認爲他的哲學與提倡的理念只和事業有關。雖然許多人來到我們這裡的契機，是因爲公司給予補助讓他們來參與課程，但他們很快就發現這不只跟工作有關；每一項原則都可以應用在我們人生中的每一個面向。

我們也知道有許多年輕人並不了解卡內基。即使他的智慧是永恆的，但他的故事來自一九〇〇年代早期，對於一些年輕人來講可能很難感同身受。雖然卡內基的原理同樣適用於現代，和一百年前沒有任何區別，但是我們所生活的世界卻是截然不同的。年輕世代所面臨的困境很獨特，在這樣一個科技上緊密連結、社交上卻很疏離的世界生活並不容易；關於如何過上好的人生，有些看似基礎的概念早已失傳。我們認爲，現在這個世代，比以前的人都更需要這些理念。

因爲有這樣的想法，我和麥可決定撰寫這本書，讓年輕世代更容易接觸到這些智慧。以有原則、有目標的方式過生活，爲我們帶來了強而有力的正面影響，而我們希望這對你也有一樣的效用。我們走遍全世界，採訪了數百位具有啟發性的人，因此很想和大家分享他們的故事。麥可訪問了將近一百位年紀不到三十歲的人，他們在人生很早期的階段就取得十分了不起的成就。我們很努力地囊括各式各樣的故事，分別來自不同年齡、不同背景、不同經驗、不同職業的人們。他們可以為我們帶來啟發，讓我們掌握自己的人生和未來。

我們將本書分為三個部分，可以視之為三個同心圓，第一部就是最中心的圓，而第三部是最外圍的。

- **第一部：掌舵你的想法與情緒**——我們會把重點放在如何透過了解自己的想法和情緒來建立堅強的內心，並養成一些習慣和練習，讓你能建立起堅強樂觀的心態。我們會說明一些方法，教你排解壓力、培養勇氣和自信、應對改變、放下過去的後悔。
- **第二部：掌舵你的關係**——這個部分將會探討我們和自己所在意的人或每天都會互動的人之間的連結，包含如何建立或修復信任、如何面對難以相處的人、維持強健的人際關係、換位思考。

- **第三部：掌舵你的未來**——我們會討論如何定義自己的價值、追求目標、為人生創造願景。一些全球最優秀且具有啟發性的年輕領袖，將分享他們如何追尋自己的夢想，以及在這途中如何創造出能一直持續下去的改變。

這本書是要邀請你一起來掌舵自己的想法、情緒、人際關係和未來。如果你讀了這本書，只是覺得「這眞有趣」、「我眞的很喜歡這本書」，但卻沒有做出任何行動，那我們就失敗了。這本書並不是叫做「學習」或「念書」，而是「掌舵」*，就是要鼓勵你採取行動。練習本書裡的內容不僅僅是爲了得到知識，也要讓它發揮作用；你必須先理解，然後付諸行動、去嘗試，並且樂意從錯誤當中學習。我們的目標是爲你裝備好強而有力的策略，啟發你以有目標的方式過生活。

* 編注：英文版書名爲「Take Command」，意爲掌握、控制。

要把每一項理念都視爲一種工具。我們會根據不同的目的使用不同的工具——用槌子來敲釘子、用鋸子切割木板、用螺絲起子來鎖緊螺絲。你可以用你覺得有用的方式，將這些概念加以混合搭配。越常使用這些理念，你就會越了解它們如何產生作用，也能夠更加上手。

卡內基說：「知識不是力量，實踐應用的知識才是力量。」你也許知道哪些是正確的、該做的事，但如果你都不去做，就不會獲得這些事所能帶來的益處。成就通常都會出現在我們的舒適圈之外，而不是安全地藏在舒適圈中。

當人們面臨死亡，在生命即將結束的時候，若說到希望能改變什麼事，許多人都會說「早知道我就更加冒險了」或「如果我能更有目標地過生活就好了，我的人生就這樣流逝了……」。假如你想要讓這本書發揮最大的效用，就要閱讀、重複閱讀，然後不斷實踐裡面的內容。你必須持續不斷地注意並應用我們列出的策略。我們堅定地認爲，當你專注於正確的想法，處理自己的情緒，變得更加勇敢、具有復原力，發展出更加穩健、更有意義的人際關係，並有勇氣追求自己熱中的事物，那麼你就能掌舵自己的未來和人生。

就像卡內基一樣，我和麥可都相信「與生俱來的偉大」這個概念。意思是無論你是什麼樣的人、做什麼職業、教育程度如何、處於何種社會經濟地位，或者任何能列舉出來的條件，都不會影響到你的偉大。如果你選擇去培養這份偉大，那麼你所能做的、能達成的、能成爲的，都是無限大。也許更重要的是，你能對他人的人生產生的影響是無限大的。與生俱來的偉大這個概念，就像是冰山一角——海面上所露出的頂端，只有實際冰山的十分之一；在海面之下還有十分廣大的範圍可以探索。當我們在培養對自己的信任、學習尊重別人、描繪我們人生目標的願景時，也是一樣的。掌舵人生，就是看見並培養我們與生俱來的偉大，以度過最圓滿的人生。如果你開始了這段旅程，祝福你能達成這個目標。

第 1 部

掌舵你的想法與情緒

FIND YOUR STRENGTH,
BUILD ENDURING RELATIONSHIPS,
AND LIVE THE LIFE YOU WANT.

要掌舵我們的人生，首先要面對最大的潛在障礙，就是我們自己。很多時候，我們本身就是問題所在。我們會懷疑自己的能力、讓自己產生不必要的擔憂、沒有勇氣冒險；我們將自己視為受害者，而不是能夠左右自身命運的人。這些想法和情緒都是來自我們心裡、存在於我們心裡的，然而，可以改變它們的能力也是。但是，我們該怎麼做？如何才能形成讓自己更加有掌控力的心態？如何才能學會管理自己的情緒，讓情緒服從我們、而不是帶來破壞？

在第一部，我們會先學習如何處理想法和情緒，以及如何更有效地控制它們。也許這聽起來很簡單，但它可能是我們人生中最大的挑戰。如果沒有正確的架構和工具，我們一不小心可能就會在負面想法或負面情緒之間遊走。

雖然現代科學已經能幫助我們了解我們的思考模式和情緒行為，但我們還沒有找到明確的答案。演化學家、著名心理學家、哲學家對此都有不同的看法——到底是想法先出現，還是情緒先出現？它們是如何互相影響的？而且，老實說，當我們在跟朋友吵架的時候，想法跟情緒一片混亂，這時候我們選擇相信哪個理論還重要嗎？不重要。重要的是我們要學習處理自己的想法和情緒，並做出能讓我們更加接近自己理想生活的決策。

第一部的重點會放在我們的想法、它如何對我們產生影響，以及該如何選擇正確的想法。接著，會提供一些可以幫助我們建立強健心態的習慣。接下來會說到情緒，我們會學習處理情緒，不迷失在情緒當中。前三章就是第一部的核心，如果你從第一部當中只學會一件事，我們希望你能對於自己的想法和情緒有更深的理解，並且正視它。

再來，我們會討論如何建立自信，這會影響我們處於這個世界的方式，以及我們如何看待自己和自身的能力。接著，我們會討論如何擁抱改變。在人生中，只有改變是會持續發生的，而我們大多數人都很難接受改變。最後，我們會探索如何擺脫後悔、處理壓力、培養韌性和勇氣。

我們的內在生活（inner life），包括想法、情緒、心態、反應等，很大程度都是在我們的控制之下。我們可以改變自己的想法，處理自己的情緒，建立對自己有幫助的心態。我們可以培養力量和自信，學習有智慧且優雅地處理意料之外的事、不希望碰上的事。你必須掌舵自己的內在生活。

1 選擇你的想法

我現在毫不懷疑、堅定地認為我們所需面對的最大問題——事實上這幾乎是我們需要面對的唯一問題——就是選擇正確的想法。如果能做到這一點，我們就能解決所有問題。

——戴爾・卡內基

二〇二〇年三月，新冠肺炎在全球肆虐，造成疾病、死亡與封城。那是我上任卡內基公司執行長的第五年，眼睜睜看著我們全球的辦公室一間接著一間關閉。每個夜晚，我都會在大約半夜三點醒來，然後就再也睡不著了，負面想法和擔憂侵蝕了我的心靈，我擔心這家擁有一百零七年歷史的公司，會在我的領導之下倒閉；我爲全球數千名團隊成員所承受的壓力感到痛苦；我擔心我的八十六歲高齡老母親，她獨自居住在距離我數百英里遠的地方；一想到朋友、親戚、人們可能會死亡，我就覺得害怕。我每天的睡眠時間都不到四個小時。那是我人生中最低潮的時期之一。

某天晚上我醒來，突然有了一個想法。我拿起《卡內基快樂學：如何停止憂慮重新生活》開始翻閱，尋找啟發。一直以來，這本書無數次幫助我度過充滿壓力的時刻。爲什麼我沒有早點想到要翻看它呢？我翻到某一頁，寫著這一章開頭所引用的句子，那一瞬間，簡直就像是卡內基本人站在我的臥室裡，跟我面對面說話一樣。這就是我需要聽到的。

數週以來，我的想法將我擊倒，但現在我終於停止並開始重新思考了。我清晰地發現它們有多麼悲觀、醜陋。爲什麼我要讓自己的想法被這些也許永遠不會發生的事情給占據呢？爲什麼我要選擇相信事情的最糟結果？爲什麼我要讓自己沉浸在這種有害的負面思考之中？我心裡明明就很清楚，卻讓自己被恐懼占領，毀了我的睡眠、健康、生活。

我發現我的情緒和想法嚴重糾纏在一起，我會想像可能發生的最糟情況，因爲擔憂而感到難受，然後進入負面循環。雖然我內心眞誠地相信卡內基解決壓力和擔憂的原則，但我在這場危機之中卻把它們給忘記了。我沉浸在所有可能發生的最糟結果之中，讓我的想法和情緒掌控一切。

我對自己說：「喬，你知道嗎？你的問題根本不是新冠肺炎，而是你的想法。選擇正確的想法，你就能度過這一切。」我猛然發現，如果我換成相反的角度呢？不要想著疫情和那些我不能控制的事，而是專注在我所能做到的事？然後我便恍然大悟：如果每一個行動都有與之相反的行動，以及對等的結果，那麼在巨大的危機之下，一定有著很棒的機會；這個機會是什麼？

早在疫情爆發之前，我們就已經開始把公司的全球訓練計畫，從幾乎完全面對面，逐漸轉移到線上進行。這一點都不輕鬆，因爲我們在超過八十個國家的兩百家公司裡有數千名員工。如果我們試著加速轉移呢？我們該如何加倍、甚至加三倍努力來完成這項措施？我該如何爲全球同樣面臨這些困境而感到焦慮的卡內基客戶、領導者與員工們提供更好的支援？我要如何協助他們？我的心情開始有所改變。我開始期待掌舵、實現這些改變、領導公司度過這次危機、找尋在疫情當中成長茁壯的方法。

我還記得某位充滿智慧的朋友和我分享的建議。在事業初期，我很猶豫要不要踏出下一步，因爲擔心經濟環境不好，會對我要加入的事業產生負面影響。那位朋友說：「喬，你要記得，充滿暴風雨的海洋才會造就訓練有素的水手，而不是平靜的海洋。艱難的時刻才會讓你成長、進步。」因此，我想到，現在是特別艱難的時期，但要是我能處理得當，就會成爲一名更棒的領導人。有多少人可以獲得這種機會，帶領一間一〇七歲的長壽公司度過危機？我要站在卡內基的角度思考。我必須有自信地帶領公司，而不是膽怯，這樣才能對得起卡內基、對得起所有人。如果是卡內基的話，他會怎麼做？接下來的數個月，我帶著驚嘆與感激，看著所有人團結一致，成爲一間勇敢的公司，將我們整個商業模型從線下轉換爲線上。

我也思考了該如何支持我的家人和朋友。我和母親晚上視訊通話時，總會一直叮嚀她要保重身體，而她很感動。我聯絡遍布在全球的朋友和同事，關心、傾聽並提醒他們，他們每個人對我來說有多麼重要。我花更多時間陪伴妻子和孩子，這並不困難，因爲我們每一分每一秒都必須待在同一間房子裡，但我會更加注重我們相處的時間。我開始多運動、吃得更健康、不吃精製糖類、補充維他命、竭盡所能地提升免疫力，以免得到新冠肺炎。

那一晚是我人生中最關鍵的夜晚之一，我永遠都會心存感激。卡內基所說的話提醒了我，自己的想法有多麼重要，我必須注意它、對它積極採取行動。我必須選擇能給予我力量、讓我付諸行動的想法，而不是具破壞性、會將我帶入黑暗與絕望之中、讓我變得消極的想法。我發現，只要選擇了對的想法，就能解決一切問題。如果不這樣做的話，我的心理和情緒只會停留在很糟的狀態。我發現我們人生當中的每一件事——人際關係、事業、目標、健康、成就等，第一步都是取決於掌控自己的想法。好消息是，這一章的目的就是要告訴你，如果你做得到，那麼無論在任何情況下，都能獲得無比的平靜、自信與內心的力量。現在我們來談談該怎麼做。

☺ 注意你的想法

你有多常注意到自己正在想什麼？我是指，認真地去思考你腦中盤旋的想法。大多數人都遊走在事物、對話、課堂、會議之間，對發生在自己身上的事情產生反應。讀了一封電子郵件，就開始做事；看見某篇社群媒體貼文，就感到煩躁；在網路上看見有趣的東西，就覺得好笑；被人冒犯時，就準備戰鬥。當這些事情發生時，我們有多常停下來思考：「等一下，我真的有用正確的方式思考這件事嗎？我是如何看待這件事的？」

我們的心思大多數時候都是處於自動導航模式。我們可能會聽見自己心裡有個聲音說「我做不到」，然後就接受它、認定它是事實。我們不會停下來檢查或質疑那個想法，而是會直接接受並繼續行動，甚至連試都不試一下。或者，我們可能對一個人很反感，覺得自己受到威脅、不被喜歡或受到批判，只因爲我們的想法是這麼告訴我們的；我們甚至沒有一刻停下來思考自己的想法是否正確。

我的老朋友愛瑪，不久前到我家來探望我們家人。她跟我講起她跟同事茱莉的相處問題，茱莉最近加入她的部門，一副自以爲是的樣子。「發生什麼事了嗎，愛瑪？妳爲何那麼認爲？」我問道。

「我負責我們所有社群媒體廣告的創作，包括設計貼文的圖像與主要訊息。我已經做好幾年了，而且我很拿手。但我跟茱莉聊天時，她卻開始建議我如何把創作做得更好。她以爲她是誰啊？我知道該怎麼做好我的工作！」

「她有批評妳的工作，還是說妳做得很糟嗎？」我問道。

「沒有。倒不是那樣。她是問我：『妳有想過把這個顏色從黃色改成淺藍色嗎？或者把那個圖像放大一點？妳有試過不同的字體嗎？』諸如此類的問題，」愛瑪說。

「她有給妳臉色看，還是口氣很差？翻白眼之類的？」

「沒有，她沒有，」愛瑪反擊，「都沒有。但我就是看得出來她不喜歡我的設計，自以爲她可以做得更好。」

「愛瑪，」我說，「有沒有可能茱莉只是想要幫妳？或許她想要提供意見，好讓妳的社群媒體貼文變得更好。妳對茱莉有什麼想法？」

「嗯，」愛瑪說，「我的想法是她認爲我沒有做好我的工作。」

「好吧，妳或許是對的，但妳如何知道她是怎麼想的？我想到，有很多時候，我想要幫忙別人的工作，因此提出改善的建議，而我不是要貶低他們。爲什麼不假設茱莉的意圖是好的？就妳所說的聽起來，我認爲她是想要幫妳。」

愛瑪看著我說：「隨便你啦！」便氣呼呼地起身離開，覺得一開始就找我講話眞是錯了。過了一會兒，在她跟我妻子凱蒂講了同一件事之後，愛瑪回來跟我說：「我想了想你說的話，有可能是我誤會她了。茱莉不像是壞人。事實上，她挺友善的。或許是她說話的方式讓我不爽，也或許她挑錯了時機跟我講。老實說，我們講話那天，我很不順心。我在說話前就很暴躁。一想到茱莉是在批評我，便緊繃起來、渾身帶刺。或許我應該姑且相信她。」

我們經由想法來賦予生活中的事情意義，無論是好是壞，那個意義都影響了我們的想法、感受、行動與反應。我們都認識這樣的人：不論他們有什麼情況，都過得很悲慘。他們或許有健康的人際關係，卻常常非理性地擔憂重要的人會拋棄他們；他們或許獲得升職，卻抱怨責任加重了。我們也認識一些人，在可怕的情況下仍能泰然自若，保持好心情；不管生活中有什麼遭遇，他們總是樂觀看待。爲什麼呢？這兩種人之間有什麼差異？歸根究柢就在於想法。

如果我們習慣負面思考，可能會感覺受到威脅或絕望無助。假如我們習慣正面思考，就會看見別人看不見的機會，並對未來感到更有信心。我們的想法將會影響一切。古羅馬哲學家馬可．奧里略（Marcus Aurelius）曾說過：「我們的人生是由想法所創造的。」[1]對大多數人來說，難處在於我們不容易留意到自己的想法，還有它對我們生活的影響。我們知道自己有想法，但我們知不知道自己會因爲太過專注於絕望、恐懼或非理性的擔憂，而自我設限呢？我們是否知道想法會導致自己感到憤怒、挫折、憎恨？我們必須掌控自己的想法，否則就會被想法給掌控。事實就是這樣。但我們該怎麼做？

第一步就是要注意自己的想法。這是給你的挑戰：下次當你發現自己有很強烈的思考模式或情緒的時候，將它寫下來，觀察它。問問自己以下這些問題：

- 「我現在的想法是什麼？我是如何感受到這些想法的？」有些人會聽見心裡有個聲音，有些人會浮現出畫面或印象。注意當下你的想法是如何出現的。
- 「這些想法為我帶來什麼樣的感受？」
- 「這是先入為主的想法嗎，還是誇大了情況？」
- 「這個想法有幫助嗎？如果沒有的話，我可以用什麼想法來代替它？」

思想家愛默生（Ralph Waldo Emerson）曾說：「人生，是由人整天所想的事情所構成。」我們怎麼可能由別的東西構成呢？你所選擇的想法就像是你吃下的食物一樣，就像每一餐，你都必須消化它們。你所看的每一部電影、讀的每一本書、滑過的社群媒體貼文，都會影響你的想法。

你如何度過時光、和誰一起度過，將會大幅影響你的想法，因此，你必須注意生活中有什麼人事物會對你帶來影響。我曾經做過一段時間的單口喜劇，在等待上臺時，我會觀看其他人的表演。有些人的笑話實在太骯髒了，讓我感到噁心——他們的想法影響到我了，我可能得花費好幾天，才能把那些垃圾從我腦中清除。有時候我們必須觀察自己的生活，如果時常相處的對象或我們所做的事，會對想法產生負面影響，就得重新考慮一下。

誠實面對自己的想法，無論是瞬間領悟還是逐漸發現，都會幫助我們了解那些想法如何塑造我們的生活。清楚了解之後，就能選擇不一樣的想法，用不一樣的態度去面對眼前的問題。選擇正確的想法也許很難，對某些人來說，這或許是他們所遭遇的最大挑戰。雖然剛開始可能會很困難，但我們的思考習慣是掌控人生的基石。只要我們持續避免負面的想法、選擇對自己有幫助的想法，就能逐漸培養出會幫助我們取得成功的健康心態。

☺ 為何我們會習慣負面思考

不幸的是，我們的大腦結構就是設計成要有負面思考。古代的人類只有一個目標：生存下去。如果他們隨時都在注意危險，就能躲過飢餓的肉食動物。由於每一天都必須鬥爭才能獲得食物，所以他們只會信任自己的游牧部落之內的人。注意危險的存在，讓他們可以活得更久，將基因傳承下去。換句話說，我們直覺地負面思考，是大腦幫助我們保持安全的方式。這就是「負面偏誤」（negativity bias）。[2]

這代表，比起正面事件，我們更容易記得悲傷或留下創傷的事件。汙辱會刻印在記憶裡，但我們卻不容易記住別人對我們的稱讚。在幾乎每一種情境下，我們都會自然而然地假設最糟糕的情況。如果老闆說要跟我們談談，我們的第一反應會是下意識地想著：「我做錯什麼了嗎？」某天，我在衝動之下打電話給一位幾年沒說過話的朋友，只是想跟他打個招呼，他的第一反應是：「一切都還好嗎？」因爲他以爲我打給他，可能是要跟他說某個壞消息。這樣的負面偏誤也會影響到我們的決策。[3]

許多時候，這些想法都是以「我做不到」、「我不應該」或「我沒辦法」開頭，再用「因爲」來接續某個自我挫敗的理由。以下是一些自我設限思維的例子，當你讀這些句子時，問問自己：我是否有這樣想過？

- **「我是個失敗者，除非我把每件事都做得很完美。」**

這是一種極端思考的例子——我們用非黑即白的方式看待事物，彷彿我們不是成功就是失敗、不是贏就是輸，卻不認同兩者之間有灰色地帶。

- **「我不能約那個人出去。他會拒絕，然後嘲笑我。」**

這是將注意力放在「迫在眉睫的災難」。當我們認為災難隨時都有可能發生，一件單獨的不愉快小事或一點點批評，都會毀了我們這一整週的心情。

- **「我把報告搞砸了，我可能會被開除。」**

當我們將缺點放大，將注意力放在自己犯的錯，而不是去注意自己表現好的地方時，就會誇大實際情況。其他例子還有：因為平時考試都能拿A但這次卻得了B+，而狠狠責怪自己；因為在和重要的人講話時「說錯話」，而自我懲罰。

- **「我應該再做更多的，但我沒做到。」**

當我們過度強調「應該」，拿自己和理想進行比較時，便永遠都會覺得自己還差一點。即使有非常充分的理由導致我們沒有做完待辦清單上的每個項目，我們還是會斥責自己「失敗了」——儘管這份待辦清單打從一開始就是不切實際的。

- **「我是個白痴，這一切都是我的錯。」**

當我們讓自己陷入非理性思考，就會變得愁雲慘霧。這句話之中不包含任何客觀事實，但因為我們當下感到十分挫敗或情緒不佳，就會相信這個負面想法。

- **「不是我的錯，我是受害者。」**

與上述將一切都怪罪於自己的自我設限思維相反，這種想法是完全不責怪自己：假如事情出錯了，永遠都是別人的問題。這種想法即便是事實，也會讓我們失去力量、感到無助。這不是我們希望的結果。

我和麥可的意思，並不是說我們不會遭遇真正的悲劇或不公平對待。我們確實會遇到非常糟糕的事情；也沒有人說我們必須把眼睛摀起來、否認眼前面臨的困難，我們不該這麼做。我們想說的是，即使處於最糟的情況，我們仍能決定自己的想法，而這個決策將會影響到我們的作爲或不作爲。如果我們在自己所遭遇的悲劇裡沉溺太久，便可能永遠都不會前進；如果不前進，我們將會錯失許多人生中的美好。

這時候，「選擇的力量」就能派上用場了。沒錯，也許我們大腦的結構就是會用某些特定的方式思考，但這不代表我們完全無法掌控自己的想法。只要練習注意自己的想法，就會越來越理解每個想法會對自己產生什麼影響，然後分辨出在這個情況下，這個想法是否有幫助，並選擇能鼓勵自己的想法，繼續前進。

不久前，一個大型非營利組織邀請麥可進行一場專題演講，當下他答應了，他覺得這件事很棒，但是，隨著演講的日子越來越接近，他卻後悔了。「我爲什麼要答應呢？我不覺得自己會表現得很好。我從來沒有針對這個主題在這種團體面前發表過演講。他們怎麼會邀請我？應該邀請更厲害的演講者才對。」當麥可注意到這樣的思考模式時，他阻止自己，並說：「等一下，我曾經進行過數百場演講，大多數都很成功。這個組織邀請我，一定有他們的理由。我應該做什麼，才能向他們、也向我自己證明他們的決策是正確的呢？」他開始刻苦鑽研、進行準備。他研究了這個組織，比平時更加充分準備。主持人介紹麥可上臺演講後，他看著觀眾，保持微笑，以真誠、發自內心的能量開始演講。在某個時間點，他聽見自己心裡有個聲音說：「表現得很棒！我應該更常這樣做才對！」當他產生這個想法時，便感受到一種煥然一新的能量，以及和觀眾之間的強大連結。在那個瞬間，他知道自己想在未來發表更多這樣的演講。該組織告訴麥可，他的演講是他們所聽過最有啟發性的演講之一。麥可說，如果他沒有停止那些詆毀自己的想法、改用鼓勵的想法來取代，他那天絕不會如此成功。

＊選擇正確的想法

選擇有益的想法也許不是一件容易的事，特別是當我們正處於讓人絕望的情境之中。但是，克服令人沮喪的想法，可以和改變思考方式一樣簡單，而且我們現在就可以開始做。在選擇更好的想法時，要記住以下這三個策略，我們建議你一次先挑選一個來練習：

- 將負面想法視為初期警告

- 重新塑造你的想法
- 練習自我肯定

☺ 將負面想法視為初期警告

有時候負面想法也是有用處的，就像是儀表板上閃爍的「油量不足」警示燈。我們不希望看見這個燈號亮起，但是會對它心存感激，因爲它告訴我們，如果再不做點什麼，就會遇到更大的麻煩。我們可以用同樣的方式看待負面想法和負面情緒——只要注意到它的存在，就停下來問自己：「這個想法或感受向我傳達了什麼？現在我該做什麼才能阻止狀況惡化？」

身爲支柱科技（Pillar Technologies）的執行長暨共同創辦人，艾力克斯・施華蔻（Alex Schwarzkopf）給自己很大的壓力，力求表現。他的公司爲承包商開發風險管理技術，使用於建築工地，這是一份龐大的工作。每週工作六十幾個小時、半夜回覆電子郵件、和團隊一起解決問題，如此生活了幾個月，這些混亂開始消耗他；艾力克斯知道必須做出改變才行。

艾力克斯開始仔細注意自己的想法和感受，他注意到自己時常處於負面想法迴圈：先是貶低自我價值（我根本不會這個、我完蛋了），然後是更加嚴厲的自我批評（我是最糟的、我做不到任何一件事）。即使以客觀角度來看他的生活已經非常棒了，但他還是會拿自己和其他看似更成功、更有錢、有更多朋友的人做比較。

觀察到這個思考迴圈之後，他明白了：「是我自己把它們創造出來的。這種敘事、這些想法讓我感到焦慮，但我知道它們不是事實。」就像許多人一樣，艾力克斯相信自己的那些負面想法是事實，然而，那些想法都是他自己創造出來的、關於自己和他人的錯誤陳述。負面想法最危險的地方就在這裡——我們太過贊同它了。它們不只會影響我們的決策，還會影響我們的心情。我們必須停止相信這些負面想法，去做其他讓自己擁有力量的事，才能打破循環。

以艾力克斯來說，那些讓自己喪氣的想法，會使他感到憂鬱。他體驗過兩次工作過勞（burnout），才發現自己需要幫助。「我知道我並不想產生這樣的感受，我必須做點什麼來改變它，」艾力克斯說。他休養了一陣子，重整身心狀態，回來之後又花費了十八個月，嘗試不同類型的療法，尋找自己負面思考模式的根源。經過這些努力，他學會了幾樣工具，幫助自己找出沒有益處的思考模式。

現在，當艾力克斯感到焦慮，就會將它想像成是警鈴大作，紅燈閃爍。某天早晨，艾力克斯醒來，感覺擔憂又沮喪。若是以前，這會打亂他一整天的計畫，但現在他已經學會將焦慮視爲一種警訊，於是他將團隊集合起來，向團隊傳達一直讓他感到困擾的顧客相關問題，並尋求團隊的幫忙，而不是一直讓自己鑽牛角尖地煩惱。團隊於幾分鐘內就想出解決方案，這瞬間解除了他的焦慮。艾力克斯越是練習去注意自己的負面思考傾向並採取行動，就越是感到自信，相信自己可以改變負面思考模式。就像沉溺於負面思考之中會創造惡性循環一樣，專注於正面積極的想法也可以創造出令人振奮、增加自信的良性循環。

下一次當你感受到自己的負面想法時，要將它當成警告。首先停下來，先質疑自己。問自己：「這個想法告訴我什麼訊息？」然後再問：「我現在必須做什麼？」決定你該採取什麼行動，以緩解這項警訊。

☺ 重新塑造你的想法

另一種選擇正確想法的方式，是重新塑造你的想法——針對負面思考想一想：我要如何將它視爲一種對我有幫助的東西？

阿提斯．史蒂文斯（Artis Stevens）高中時是一位明星足球員，他的夢想是進入喬治亞大學足球隊。他接受訓練多年，爲這項目標付出一切。他收到不少球隊邀約，然而不幸的是，他的腿受了嚴重的傷，醫生表示他的足球表現無法再恢復到之前的水準。

阿提斯說：「當我聽見這句話的時候，感覺就好像看著我的夢想化爲碎片。」

阿提斯患上憂鬱症。他的朋友、家人、社交圈都團結一致地幫助他，使他明白，長期看來，在足球方面有優異表現的重要性，並沒有像學業方面那樣重大。他們試圖讓他改變對自己的看法，並鼓勵他用全新的方式看待現在的情況。「我的轉捩點就是改變自己的想法，以及我對成功的定義。以前我告訴自己，所謂成功就是在足球場上獲勝。但是，當我改變了心中對於成功的定義，使之更加符合我的目的，我發現之前所做的努力並沒有白費——我可以用之前所培養的技能，在學術方面像運動家一樣前進。我開始將自己之前所有的努力，都當作是爲了下一項挑戰所準備的練習。」後來，阿提斯不是因爲足球，而是因爲優異成績、被喬治亞大學錄取；這證明他選擇了正確的途徑。「我一直都知道我必須付出極大的努力，才能到達這個位置。想要實現夢想的想法沒有改變，只是用不同的方式實現罷了。」

阿提斯重新塑造成功的定義之後，便開啟了全新的可能性。他不僅在大學表現優異並順利畢業，還在事業方面一飛沖天。現在，阿提斯是美國大哥大姐會（Big Brothers Big Sisters of America）的總裁暨執行長，他也把一樣的觀點帶到組織裡。

質疑並重新塑造你對成功及失敗的定義，可能會成爲一種很關鍵的方式，讓你能掌舵並過著自己眞正想要的生活。

任何人在生命中，都會經歷許多讓自己不得不重新塑造想法的情況。不一定總是關係到成功與失敗，也可能是要重新思考對機會的看法，或者對一段關係的看法。重新塑造想法，是我們在人生的過程中一定要練習的一種能力。那麼，我們要如何重塑想法呢？以下是一些建議：

- **首先，弄清楚你的想法。**以阿提斯的例子來說，他認為自己人生的成功取決於足球場上的成功。如果你壓根兒不知道自己的想法是什麼，也就根本無法重新塑造想法。
- **再來，質疑這個想法。**問問自己，能否用其他角度來看待這件事？考慮其他選擇。如果阿提斯的想法是「我的成功取決於足球」，那麼他可以改成「我的成功並不取決於足球」，接著在後面加上一個「因為」，也就是「我的成功並不取決於足球，因為……」，然後想出一些能夠接在後面的理由，例如：「我的成功並不取決於足球，因為我的人生並不只是一場運動。我還有其他才能，我很聰明、努力、頑強。我可以為家人朋友們做出貢獻。」
- **最後，去做一件事，來幫助你剛才下的結論。**不一定要是很重大的一件事，但是，去做某件事，即使只有一件事，也能連結到下一步，並創造動力。以阿提斯為例，他可以問問家人朋友，是否在自己身上看見哪些才能；他可以上網去查喬治亞大學的入學門檻；他可以只是簡單地將剛才的結論寫下來，以便時時看見。

再提醒一次，任何行動都可以，只要這件事能將你推向一個全新的、有生產力的方向。

重新塑造你的想法就像鍛鍊肌肉一樣，你越常練習，就會越強壯。下次當你發現自己出現自我設限思維或負面想法時，就練習這個技巧，你將看見重新塑造想法會如何改變一切。

☺ 練習自我肯定

大多數人對於「自我肯定」一詞都很熟悉，它已經存在很久了，而這是有原因的——因爲它有效。簡單地說，自我肯定就是重複對自己說一些關鍵字或句子，以便加強你想要擁有的自信。[4] 這樣做可以訓練你的心理，就像舉重可以鍛鍊肌肉一樣。自我肯定可以加強你希望自己擁有的想法，並駁斥那些阻止你前進的想法。我們認爲每個人都應該使用這個方法。

在挑選自我肯定的內容時，有幾個關鍵。首先，我們必須相信那些對自己重複的句子。如果我們不相信自己說的這些話是有可能的，那麼自我肯定就沒有效果了。再來，必須以現在式將自我肯定的句子寫下來、對自己說，就像是我們希望達到的事情，現在已經正在發生了。第三，避免使用「負面的」自我肯定。舉例來說，如果想要表達「我會停止感到焦慮」，就可以改成「我感到平靜、安適」。最後，每天都要進行自我肯定，讓效果發揮到最大。就像我們必須規律運動、每一餐都吃得好，才能變得健康；自我肯定也必須每天練習才行。

你可以參考以下這些自我肯定的例子：

- 「我很強大，我能達成所有我想達到的人生目標。」
- 「每一天我都在進步，變得更好。」
- 「我充滿力量。」
- 「我早就已經擁有了成功所需的一切條件。」

你也可以將你的自我肯定，簡化到只有一個關鍵字。許多年來，麥可都會選擇一個詞，一整年都專注在這個詞上，像是「熱情」、「行動」、「喜悅」、「紀律」。我們甚至還能爲自己所愛的人創造自我肯定。

卡蜜兒·張·吉爾莫（Camille Chang Gilmore）的兩個兒子在四歲和五歲時，同時被診斷爲自閉症類群障礙症（autism spectrum disorder）。當她得知這個消息時，感到非常絕望，她躲進衣帽間裡，雙膝跪地大哭，想著「爲什麼是我？」。在給予自己足夠的時間悲傷之後，她察覺到自己的負面想法，並提醒自己，這件事與她無關，而是與孩子們有關。現在是時候開始努力了。

卡蜜兒拋下這些想法，開始採取行動幫助兒子們。她找到了所能獲取的最佳醫療幫助，並給兒子們找了好的家教。但最重要的是，卡蜜兒和兒子們分享了自我肯定。她每天都會說：「你們擁有……」兒子們就會回答：「與生俱來的偉大！」他們的整個童年一直都是用盡最大的力氣喊出這句話。

現在，卡蜜兒的兩個兒子都二十幾歲了，正在讀大學。在母親的鼓勵、家教的幫助、正確的調適之下，他們因爲擁有自信與自我肯定而走向成功。卡蜜兒努力不讓負面情緒掌控自己，並教導孩子們保持正面積極。

如果你的夢想是給予人們啟發，那你就要告訴自己：「我可以啟發別人，讓他們過上最好的人生。」在建立自我肯定的時候，要盡可能使用積極的詞語，而且那些詞語要能夠讓你產生共鳴。

你已經將自我肯定的句子寫下來了嗎？如果還沒有的話，我和麥可要向你發出挑戰，現在就放下這本書，想出一句能讓你獲得自信的自我肯定，將它寫下來，每天至少說五次，早晚各一次，其他時候再說三次。許多年來，我每天都這樣做。自我肯定是取回掌控權、增加自信、變得有韌性的關鍵。

掌舵

TAKE COMMAND

注意自己的想法並學習如何處理，是我們一生的課題。我們必須每天努力地覺察，積極選擇能幫助我們創造理想生活的想法。如果能做到的話，就像卡內基說的，我們就能「解決所有問題」。

原則：選擇能賦予你力量的想法

行動步驟：

- **注意自己的想法。**從現在開始，花點時間注意你的想法。當你專注觀察時，最明顯的是什麼？你的想法是有害的，還是有幫助的？你通常會設想最糟糕的情況，還是最好的？你發現什麼固定模式了嗎？
- **注意自己的「自我設限思維」。**檢查本章所提出的常見負面思考清單，看看自己是否曾出現其中的想法。你是否有災難化思考？是否有誇大負面事件？當你陷入這些思考模式時，有什麼感受？如果你將這些想法替換成對自己有益的想法，人生會發生什麼改變？

- **練習選擇正確的想法。**這是一項每日挑戰，並不是只嘗試一次的解決方案。你一定要每天練習，才能鍛鍊肌肉。練習得越多，就會越強壯。

▼將負面想法當作初期警告系統。當你注意到自己的負面想法，就想一想它向你暗示了什麼。是不是生活中有什麼事情讓你煩惱？

▼重新塑造你的想法。選擇用不同的方式看待情況。問問自己，我能否用另一種角度看待這件事？

▼練習自我肯定。決定好能鼓勵自己的句子，利用它來增強你希望自己擁有的想法。

2 調整成功心態

如果你還沒有走上成為你希望的人的道路，那麼你便自動走上成為你不希望的人的道路。

——戴爾・卡內基

我三十幾歲的時候，無意間看到傳奇棒球員米奇・曼托（Mickey Mantle）的一句話，鼓勵我採取行動：「早知道我會活這麼久的話，我就會好好照顧自己。」當下我彷彿看見自己在未來數十年後，變成一個又老又不健康的人，對自己早前的飲食與運動選擇感到後悔。我向來不是運動健將，但不能拿這個作爲藉口。於是，我開始跑步以保持健康，這是我做過最辛苦的事情之一。

剛開始，我跑得很差勁。我跑不了幾里路，必須經常休息，兩腳與肺部痛得要命。我覺得糟透了。我產生了極端想法——我心裡有一個清楚肯定的聲音不斷說著：「放棄吧！你永遠做不來的。」如果不是好友艾德鼓勵我撐過難關，我或許會聽從心裡這個負面聲音。順道一提，我們都需要能讓我們維持在正軌的好朋友。

我記得第一次跑完六英里時無比興奮，然後是八英里、十二英里。看似不可能的事逐漸成眞。此時，艾德建議我們去跑豐業銀行多倫多馬拉松。剛開始的時候，這似乎難以想像，但我現在可以跑十二英里了，於是想說：「再跑個十四英里也沒什麼？」（回想起來，眞是不明智的主意⋯⋯。）

想要參加馬拉松的話，我知道我需要的不只是毅力、拋開負面想法及不安；我需要一份計畫與例行鍛鍊。我請了一名教練，他說馬拉松的訓練與慢跑不同。我必須用很明確的方法來調整自己，包含十二週的體能訓練（一週跑六天，包括在跑道上高速訓練、持續快步調跑步、每週長跑，以及三次輕鬆步調跑步），加上適合的營養、休息與補充水分。我的教練說：「我不會跟你開玩笑。這需要持之以恆——每個月、每星期、每天、每小時，假如你堅持這項計畫，你會做得很好。」我做到了。我嚴格遵守教練的計畫，結果，人生第一場全程馬拉松跑出三個半小時以內的佳績。我走都走不動了，但我不在乎。那種感覺棒透了。

如同跑馬拉松需要持久一致的訓練，我們也需要調整心態才能成功。我們需要一份計畫，而且必須堅持下去。一次或兩次重新調整想法或自我肯定是很好的，但我們要把它變成習慣、自動化——無論生活中發生了什麼，我們都可以本能地用信心、勇氣與毅力去面對。換句話說，我們要培養對自己有好處的心態，本章稍後將討論這一點。一個有力的方法是建立生活作息，讓自己每天都保持最佳狀態。

☺ 利用生活作息來培養成功心態

我們所說的生活作息是指，能夠發展出健康心態的一系列的促進成長練習。生活作息不是「有也不錯」，而是「一定要有」。建立起生活規律，可以減少每天要做的決定次數，進而減少壓力、提高專注力，產生整體的平和與穩定感。人類數百年來都有生活作息——美國國父富蘭克林、作家瑪雅．安傑洛（Maya Angelou）、詩人 T.S. 艾略特、莫札特、珍・奧斯汀與畢卡索，都有規律的生活作息。富蘭克林清晨四點或五點起床，沐浴、吃早餐。他會為一天做好準備，問自己：「我今天要做些什麼好事？」然後八點前開始工作。等到中午，他休息吃午餐，邊吃東西邊閱讀（持續兩個小時）。午餐後，他繼續工作到下午六點。之後他便休息放鬆，有時會進行清涼的「風浴」——裸身坐在打開的窗戶旁，直到晚上九點或十點，然後就寢。入睡前，他會回想早上的問題，然後回答：「我今天做了什麼好事？」[1]

比較近代的例子是國際暢銷作家村上春樹，他四點起床，寫作五到六小時，然後去跑步或游泳（或兩者都做），閱讀，聽音樂。晚上九點睡覺。村上說：「我每天都維持這個生活作息，無一例外。重複本身就是一件重要的事，是一種催眠術。我催眠自己進入意識的更深處。」[2]生活作息在不同世代與地方各有不同，但核心動機都是相同的：培養我們的成功心靈、身體與精神。

生活作息能增進我們的精神健康，有助於我們管理焦慮與壓力。部分原因是這會使我們專注在可控制的事情上。生活作息創造規律，讓每天或每週有可預測性，特別是在高壓力的時期。在完成例行公事後，亦可讓我們產生成就感。運動心理學家注意到，賽前例行公事可以提升表現、減輕焦慮。[3]

如果我們不花時間去設計生活作息以調整心態，我們的生活與想法便會受到事件與環境的左右。就像房屋的結構，我們的生活作息便是我們生活的支柱。

沒有規律作息的生活

如果你現在才認識麥可，你會以為他是你所見過最仁慈的人。但是，在他回想起自己二十幾歲時，他坦白說他總是想證明自己；有壓力時，脾氣便會不好。他十分拚命（或許拚過了頭），也不了解休息的價值（我們在第七章會談到）。他想要揚名立萬，那也無妨，問題是他的生活因此失去平衡。他的交友圈並沒有帶來完全正面的影響，而且他也沒有規律的作息。他在各項聚會之間趕來趕去，工作時間超長又壓力大。他一天之中沒有時間去反省或處理情緒，更別提思考他想要過的人生。「缺乏規律作息，表示我沒有時間整理想法，也沒有時間去準備或檢討我的一天，」麥可說。結果，他時常有被逼到死角的感覺，情緒激動。

有一段時間，麥可管理一支地區性的卡內基團隊，有一位全球頂尖銷售人員在他底下做事——佛瑞德是公司裡個人銷售額的亞軍。有著那種履歷，麥可認為他需要佛瑞德，而佛瑞德便吃定了他。他開始指使麥可，甚至在前一天才告知麥可，他要去加勒比海度假兩星期。「要不是因為他掌握了八成的業務，要不是因為我那時是一個緊張又沒把握的二十五歲小伙子，我早就開除他了，」麥可說。但是，麥可忙於證明自己，又缺乏自信；他已經盡全力去面對生活了。有一天，事情一發不可收拾，佛瑞德衝進麥可的辦公室，對著他怒吼一大筆生意泡湯的事。麥可差點就要揍他了；他叫佛瑞德滾出辦公室，不准再帶著那種態度回來。

這個經驗對麥可猶如當頭棒喝。他說：「二十五歲的時候，不論心理或情緒上，我都無法面對這種人。我明白必須做些什麼來改進自己，否則我還是無法應付下一個佛瑞德。我明白，倘若我不能更有自信、更能應付人們，我的職涯便不會長進。」麥可思索他需要什麼——他需要時間來思考當日計畫、決定如何與身邊的人共事。他開始設計生活作息，挪出時間思索什麼事情做得順利、什麼需要改進，以及如何成為更好的領導人。他也為自己寫下使命宣言（我們將在第三部談到），詳細描述他想要成為的人：他希望善用自己的天賦與才能，爲人們的生活帶來巨大改變。麥可的宣言也提到，他要控制自己的想法與情緒，才能成爲公司的正向領導人。「我到哪裡都帶著這份宣言，每天都看。那份宣言成爲我新生活作息的關鍵部分，另外也包括正面肯定，以及上班前挪出空檔進行反省與規劃。這個新作息對我的助益極大，我持續了數十年。我變成使命宣言裡描述的那個人，而且更能夠面對難搞的人與情況。」

☺ 建立生活規律

長久以來，潔西卡・桑提亞哥（Jéssika Santiago）心知肚明自己應該做出更健康的選擇，然而生活總是從中作梗。她想要多運動，卻沒有那種精力，因爲她凡事都以工作爲優先。她想要更健康的飲食，可是沒空煮飯。雖然她壓力大到自己都覺得身體不舒服，卻不做出改變——直到她的健康眞的亮起紅燈。

潔西卡的醫師講得很直接：「妳身上的感染無藥可醫。唯一的治癒方法是過更健康、更平衡的生活。」除此之外，潔西卡發現飲食方式導致她患上前期糖尿病。這記警鐘叫她必須改變。

潔西卡知道自己無法獨力做到，於是找了個朋友來幫忙。他們做的第一件事，是坐下來擬定改善潔西卡飲食的計畫。「我們討論了我喜歡吃的東西，決定不要進行急遽改革、不要拿掉我喜歡的食物，而是一次加入一項健康習慣，」她說。她首先建立一套早晨的作息，讓她可以一醒來便吃到健康的早餐。她每天把鬧鐘設在同一時間，養成自然睡眠規律。開始這種作息數個星期後，她加入運動，早飯後立刻去散步。

不到兩星期，早晨作息的效益便明顯可見。「醒來後，我不必思考要從什麼時間開始一天的作息，而且因爲我不再像以前那麼疲累，所以也不會重複按貪睡鈕。」固定作息代表事情已經決定好了，她因此感到安心。她不再需要浪費時間與精力去「思考」早晨要做什麼，因爲她已經知道要做什麼了——而且，她的作息表符合她的目標與最新設定的健康生活價值觀。「那些小決定造成了巨大差異。我不曉得那些決定會占據那麼多時間、心力與體力，」她說。

有了作息表，潔西卡整個人煥然一新。就好比鍛鍊新的肌肉，幫助她建立起信心，相信自己可以做到。「這不只是我所做的事、健康飲食與運動；最重要的是我感受到信心。過去三、四年來，我一直告訴自己需要運動，卻一直做不到，」她說，「它幫助我建立了更好的心態，因爲我開始相信自己可以做到困難的事情。當我面對生活裡的其他考驗，我開始想著：『喔，有這種狀況。我可以的。一次前進一步，我可以成長並改變。』」

我們在卡內基訓練所教導的最重要事情之一，便是有目的地生活的重要性，我們將在第三部深入討論這一點。現在我們要強調的是，設定與遵循健康的生活作息，是有目的地生活的關鍵環節。有沒有規律作息的差別，就像一艘船有沒有舵。照顧自己的身心，可以增加我們的能量，保持正面態度，有助管理壓力。撥出時間反省與規劃一天的作息，最終將幫助我們成爲我們希望成爲的人。

培養成長心態

麥可與潔西卡利用規律作息來改善生活，培養新的心態，讓自己變得更有信心和韌性，更有效地與人相處。在面對考驗時，他們不但有正面反應，而且是自動做出反應。史丹佛心理學家暨研究員卡蘿．杜維克（Carol Dweck）在開創性著作《心態致勝》（*Mindset*）中談到這點。無論我們是否有自覺，我們都是用某種方式來看待世界。杜維克寫道：有著「定型心態」的人認爲能力、智識與性格都是與生俱來，無法改變。也就是說，你可能天生擁有技能、才華或聰明，或者沒有。相反的，認爲我們的生活與能力都有彈性、可以經由學習與努力來塑造的人，則擁有「成長心態」。[4]

人們的心態通常不會在各方面皆相同。你或許在工作上有著成長心態，卻也認爲自己永遠不擅長與人交談。在這個情況下，你對工作懷抱的是成長心態，對社交能力則是定型心態。

無論你有什麼心態，它都會對你的人生產生深遠影響。研究顯示，擁有成長心態的人更有動機，也更成功。他們的焦慮、憂鬱和過勞程度通常也較低。[5]

培養成長心態是掌舵生活的關鍵，也是良好的生活作息如此重要的原因之一。一套生活作息讓我們有時間與空間，思考及檢討我們的想法、情緒和體驗，如此便能幫助我們選擇行動方向。在你思考與建立生活作息時，要注意你覺得可以做到或不能做到某件事的想法。成長心態是可以培養的，首先就是注意想法如何影響我們。

☺ 展開培養成長心態的生活作息

設定生活作息的目的，是要成爲你希望成爲的人——更健康的人、有耐心的父母、熱情的教師、多產的作家，或準時出現的人——任何對你而言重要的事。作息表必須符合你的需求和生活，所以你得花點時間去思索什麼生活作息會讓你成功。

我的生活作息是多年來形成的。大多數的夜晚，我會在十一點前就寢，早晨六點起床。通常我在早上比較機靈、有精神和創造力，所以我把起床之後的四十五分鐘到六十分鐘視爲一天的基礎。我不會看手機；以前這個習慣嚴重擾亂我。我決定這是我的專心時間，而電郵、簡訊和其他訊息可以等一下。我會泡一杯熱綠茶（雖然在某些早晨，我或許需要咖啡因濃的飲料），進入臥室旁擺著一張書桌的小房間。我冥想、反省、祈禱、計劃、寫日誌。我回想前一天，然後自問：「昨天有什麼事是我感恩的？什麼事順利？我做得有效率的事？」接著我思考如何改善：「什麼事情不夠理想？我說了或做了什麼今天需要改善的事？如果有的話，我要怎麼做？」舉例來說，如果我檢討跟人的互動，認爲自己對某人煩躁、不體貼，我會去跟那個人說，以修補關係。然後，我會檢討個人願景和目標，想想今天：「我今天必須做什麼最重要的事？何時要做？我今天如何調整自我，以取得成功？」這段專注時間的尾聲，我會把重大的省思寫在日誌上。這項例行公事，讓我有時間與空間處於我的最佳狀態，思考我的想法、行動與計畫。這並不是自然發生的——一開始，我很難起床，也不專心。但久而久之，就變成自動的習慣了。

每日作息不僅只是一天的安排或終點；它能開啟不同思考方式的大門。在結束早晨作息時，我感覺清爽、專注，可以選擇一天的方向。

堅持規律作息是你必須養成的習慣。要進步的話，我們不只需要避免壞習慣，更要刻意選擇及養成對我們的心理力量與清晰思緒有正面影響的習慣。著有《原子習慣》（*Atomic Habits*）一書的作家暨研究者詹姆斯．克利爾（James Clear）花了十年研究，並寫下如何培養正面習慣。克利爾說，我們應該在培養新習慣時思考下列幾點：

- **從很小的習慣做起**。如果立刻就從最困難的事情著手，有很高的機率會失敗。例如，目標不應是「我只能正面思考」，那是太過遠大的目標，我們必然會堅持得很辛苦，到時候只會讓自己感到挫折。相反的，先從簡單習慣做起，例如「每天講一句自我肯定的話」。

- **小幅度增加習慣。**一%的增加可以快速累積。你要每天小幅度增加你的新習慣。例如，養成說一句自我肯定的話語的習慣以後，再練習對著鏡子說。下一週，就自我肯定冥想三十秒。小幅度培養習慣，便能讓目標變得可行。
- **切割習慣。**假設你想要建立冥想習慣，以更加清晰地思考與選擇更好的想法，那你可以把這個習慣切割成兩塊，例如早上十分鐘、晚上十分鐘，就不會覺得占那麼多時間。
- **萬一中斷習慣，務必趕緊恢復。**每個人都有脫軌的時候，即便是最傑出的人也一樣。研究顯示，一次沒有做到每日習慣，不會妨礙到長期進步。但若是我們對於習慣抱持著「一定要全部做到、不然就不要做」的心態，那就有問題了。如果你漏掉一天，想著「喔，我中斷了，之前都白費了」，那你的問題就嚴重了。接受自己偶而會脫軌是沒關係的，只要隔天重新回到正軌就可以了。[6]

這些年來，我的例行公事隨著我的生活而改變，但不變的是，我每天都會執行。如今，回顧過去數年或數十年的每一天，都可以看到我利用成長型生活作息來建立健康心態所產生的改變。我投入的時間給予我寶貴的看法，也讓我的心理更加強大、更有信心、更能反省，並成爲更仁善的人，至少我是這麼希望。

適合我的生活作息未必適合你；我們各有不同需求。《怦然心動的人生整理魔法》作者近藤麻理惠，每天早晨六點三十分起床，打開窗戶迎接清新空氣，燃香以淨化屋子。她會喝一杯熱飲，與丈夫、女兒吃簡單早餐。他們一起禱告、感謝，預想他們理想的一天。麻理惠出門上班前與晚上入睡前，都會收拾好家裡。有些人的作息非常有紀律且投入，但不是大家都有這種時間。或許你每天只有二十分鐘屬於自己的時間，例如下午五點到五點二十分，你可以利用那段時間來反思前一天或準備明天。你可以寫日誌或冥想，運動或伸展，或者只是靜靜坐著、什麼也不想。

想想你現在的生活作息。你是有意識地決定每天的活動，抑或碰巧那麼做？你的作息是由你設定，或是由他人的需求來設定？我們都有家庭與義務，不過，我們鼓勵你每天早上（或晚上）擠出一些時間給你自己，進行一些幫助你建立健全心態的活動。

培養心態以協助你實現想要的生活，需要付出時間與努力。你必須花時間找出最適合自己的，但我們鼓勵你每天問自己下列問題：

- **你的生活順心之處？你有什麼要感謝的？**這可以幫助你首先專注在生活裡帶給你歡樂、讓你開心的事情。
- **你的生活不順心之處？你想要改變生活裡的什麼部分？**不妨把這些事情排出順序，思考由哪個部分著手。你列出來的事項，必須是你可以改善的明確事情。例如，不要說「我與母親的關係不好」，而是要說：「增加兩人單獨相處的時間，可以改善我們的關係。」
- **你需要相信什麼，才能改善你最重視的事情？**假設你擔心與母親的關係，那麼造成你會擔心的潛在想法，或許是你覺得關係無法改善。為了在這方面獲得改善，你必須相信你可以與母親產生親密連結的關係。
- **你需要什麼來提醒自己維持新的心態？**這時你可以用自我肯定或採取明確行動來解決問題，例如安排每週與母親見面。

你可以在作息當中加入其他具建設性的活動來改進你的心態，例如正念、冥想、呼吸練習、禱告、寫日誌或想像，運動也是一個好選擇。重點是要適合你。你所選擇的活動必須幫助你成爲你希望成爲的人，或許你想要更有同理心、積極、合乎道德、負責、大方、誠實、鎮靜、自信或樂於助人。你要選擇能導引你走向那個目標的活動。

☺ 生活作息小提醒：真實面對

記住，是我們設定生活作息，而不是生活作息設定我們。你很有可能不完美，可能沒有遵守作息，但沒必要感到愧疚或責怪自己。在建立與維持生活作息之際，你可能會去旅遊或度假；你或許需要在半夜照顧生病的孩子，或自己生病了；你可能跟朋友玩到深夜，或加班熬夜；或者面對各種打亂生活作息的情況。這就是人生。如果你爲了正當理由而沒有遵守作息，不必自責。偶而放鬆一下，但要儘快恢復作息。堅持到你成功爲止，不要放棄。反過來說，如果你是因爲懶惰、找藉口，而不想維持生活作息，那就當作我們什麼都沒說過。現在就設定、掌舵與實現你的生活作息吧。

掌舵

TAKE COMMAND

重點不在於生活作息本身，而是它如何幫助我們達成目標、成為我們希望成為的人。當我們有意識地決定如何開始、結束或過完一天，並建立培養強健心態的習慣，我們便是在調整成功心態。這麼做是實現我們理想生活的關鍵。

原則：利用輔助習慣來培養你的心態

行動步驟：

- **設定生活作息。**想想你是如何開始一天的。你現在已有什麼有幫助的習慣嗎？你會冥想、寫日誌、計劃、禱告、閱讀或運動嗎？你如何將這些有益習慣進一步擴大？如果你注意到自己沒有任何良好習慣，你可以在早晨時做些什麼來輔助你過完一天呢？

- **擬定計畫，將輔助習慣加入一天之中。**
  - ▼從小習慣著手。
  - ▼逐漸增加。
  - ▼切割習慣。
  - ▼如果你中斷了習慣，便趕緊恢復，但不必為此自責。
- **利用生活作息來培養成長心態。**拿出紙筆或是使用你喜愛的筆記app，問你自己：
  - ▼你的生活順心之處？你有什麼要感謝的？
  - ▼你的生活不順心之處？你想要改變生活裡的什麼部分？
  - ▼你需要相信什麼才能改善你最重視的事情？
  - ▼你需要什麼來提醒自己維持新的心態？
- **留意你的心態。**在你練習規律作息時，要注意你的心態受到什麼影響。你在完成作息表之後有何感受？你漏掉沒做的時候，有何感受？你如何調整生活作息來達到你想要的心態？

3 面對你的情緒

對待人們時，要謹記我們不是面對邏輯生物。我們是面對情緒生物。

——戴爾・卡內基

黛柏拉・安・馬克（Deborah Ann Mack）的乾洗事業經營了將近十年。二〇〇四年時，她先是從收送衣物服務做起，名副其實的挨家挨戶行銷。黛柏拉在幾年間從零做到逾九百名客戶。由於業務擴張，她雇用了數名員工，後來蓋了一間有機乾洗廠，並增設一家店面來因應業務。

黛柏拉找到一棟出租的破房子，但是，經營建築業的屋主把黛柏拉交付的整修費花光了。此時，黛柏拉有一棟搖搖欲墜的建築物，以及一堆要清洗的衣物，至少要四天才能洗完。黛柏拉沒有坐等屋主還錢，而是四處借錢，另外找到一棟出租廠房。她把所有資金投入那棟建物，所以沒錢雇人來安裝或運作乾洗設備。黛柏拉翻開安裝手冊，把弟弟和他的幾個朋友叫來動手裝設。

此時的黛柏拉沮喪、生氣又焦慮，她投入太多資金，不可能放棄事業。她必須設法營運，別無他法。在設備製造商的協助下，她的弟弟與朋友終於完成安裝。事情終於有進展了……直到有一天，黛柏拉照舊在清晨五點半抵達乾洗工廠，打開大門後驚見一片汪洋。一根水管爆掉了。黛柏拉呆若木雞地站著。

她拿起一個橘色水桶翻過來，頹然坐在淹水廠房之中。黛柏拉完全被打敗了。她告訴自己：「還能出什麼錯？我的工廠淹水了。我想要做好，卻一再出包。我們來這裡從頭做起，又是水管又是屋主……」黛柏拉絕望不已。

她想哭。她試了又試，卻流不出一滴眼淚。然後她笑了出來——她處在人生最惡劣的處境，卻擠不出眼淚，這實在太荒謬了。她坐在水桶上大笑，直到胃痛，無法呼吸。她打電話給丈夫，無法止住大笑地說：「老公，你不會相信的。這裡淹水了，水管爆了！」她的丈夫說：「老婆，妳爲什麼在笑？」黛柏拉說：「因爲太荒謬了！」

短短幾分鐘，黛柏拉的情緒由震驚、無法置信、絕望無助、挫敗，轉變爲訝異、歡樂與自由。她辛苦工作那麼多年，因此在她想要放棄時，只能嘲笑自己荒唐的處境。所有情緒幾乎在同一時間淹沒了她。黛柏拉可以任由情緒淹沒；她可以認輸，馬上放棄。可是，她知道情緒來來去去，也知道如何面對情緒，好讓情緒幫助她。她站了起來，拾起勇氣，回去工作。等到工廠完工，黛柏拉找來櫃檯人員、熨衣工和收送衣物的司機。她從不回頭，因爲她明白不能失敗。經營事業多年後，黛柏拉賣掉公司，決定回到大學攻讀時裝設計。今日，她是同名高級時裝品牌的創辦人暨設計師。

我們或許沒有淹水的乾洗工廠，但我們偶而都會遇到難過的情緒——外型問題令人沒有安全感或缺乏自信；家庭衝突令人憤怒或挫折；朋友圈的紛爭讓我們遭到孤立、被貶低；慢性病折磨我們、嚇壞我們。生活並不輕鬆，但若我們不學習管理情緒，就如同第一章〈選擇你的想法〉及第二章〈調整成功心態〉所說的管理想法，我們便永遠無法爲自己的人生掌舵。

想想你在生活中被負面情緒打敗、覺得軟弱無助的時刻。或許你感到憤怒、嫉妒、憎恨、挫折、害怕或焦慮。或許你在讀到這裡時，正處於那種情境。你要如何擺脫那種情緒？如果你能學習處理情緒，便能在經歷那些情緒時，覺得自己仍可自制。我們不妨把想法看成是飄過的雲朵，情緒則是閃電打雷的暴風雨。天空不會挽留雲朵或暴風雨，而是讓它們來了又走。那正是我們在這章要談的。

☺ 為什麼我們會有情緒？

大多數研究者認爲，情緒是演化出來幫助我們生存、繁殖、覓食和保持安全。[1] 情緒會影響我們與外界互動的方式。我們通常視爲「負面」的情緒，像是悲傷與憤怒，是在警告我們、幫助我們迴避或回應威脅及挑戰。悲傷可能是在告訴我們需要同伴與身邊人們的關懷，而憤怒則是某人太過分、我們必須加以因應的信號。那些情緒會縮窄我們的專注範圍，好讓我們處理手邊的問題。我們視爲「正面」的情緒，例如喜悅及同理心，會讓我們提高意識、展現機會與可能性。它們有助提升我們的注意力與記憶力，考慮新的想法，以及學習。[2]

記住，我們的情緒和想法一樣，可能是負面或正面的。這是有理由的，如同想法，情緒很難理解。這些過程是由大腦不同部位所控制，例如，杏仁核分類並發送情緒到前額葉皮質，在此獲得適當處理。[3]

研究者辨別出至少五種情緒類別，包括愉悅、悲傷、憤怒、恐懼與厭惡。[4]我們或許認爲它們是「愉快」或「不愉快」的，但它們確實有其目的：

愉悅是表達熟悉的與新的體驗所帶來的良好情感。

憤怒是事情不順利或我們認為自己受到不公平對待時的情緒。

恐懼讓我們預期我們的安全受到威脅。

厭惡讓我們明白自己覺得不對勁的事情。

悲傷是失落的反應。悲傷讓我們慢下來，告知別人我們需要支持。

我們的情緒反應有三部分：我們如何感知到情緒、我們的身體如何感受情緒，以及我們如何對情緒做出回應。[5]在本章，我們將學習如何處理情緒。我們在感覺到什麼時，會想要選擇回應方式。爲此，我們將使用簡單的四步驟程序來看待與了解情緒。問問你自己：

- 我有什麼感受？
- 這種情緒告訴我什麼？
- 這種情緒對我有益處嗎？
- 我如何處理這種情緒，並繼續往前走？

＊第一步：我有什麼感受？

大多數人都無法辨認或了解自己的情緒，因爲我們沒有這種工具。《心靈地圖》（暫譯，*Atlas of the Heart*）一書的作者暨社會工作研究教授布芮尼．布朗（Brené Brown），說明大多數人如何理解自己的情緒：「如果廣泛的人類情感與體驗，只能用憤怒、悲傷與快樂來表達，那會怎麼樣？羞愧、失望、驚奇、敬畏、厭惡、尷尬、絕望、滿足、無聊、焦慮、壓力、愛、不知所措、意外，以及各種界定人類的情緒與體驗呢？……語言告訴我們，爲一種體驗命名，並不會給那種體驗更多力量，而是給予我們了解與意義的力量。」6

學習形容我們的情緒，能夠幫助我們增強韌性與自我意識。畢竟，如果無法表達發生的情況，你要如何尋找解決方案呢？

下回你經歷強烈情緒時，花一點時間記錄下來。你是感受到一種情緒，或是好幾種？你可以敍述那些情緒以及它們對你的影響嗎？不要評判或試圖解決它們。

如果情緒太過強烈，你無法寫出來，只要觀察自己的情緒即可。我們在卡內基訓練機構進行高效演講培訓課程（High Impact Presentation Course）時，每個學員都要公開發表演說。我們會錄影，結束後，學員便進入檢討室看影片。你曾看過自己講話的影片嗎？跟大多數人一樣，影片可能讓人不忍卒睹。不過，我們有個竅門：講師會請學員以陌生人的立場來觀看影片。因此，學員便可以問自己：「這個人講得好嗎？他沒有做到什麼？這個人講話時給人什麼感覺？他的臉部表情或肢體語言透露出什麼？」藉由暫時脫離自我，我們便能觀察我們給出的暗示，開始表達我們的內在體驗。你可以說「我注意到我感受到悲傷」，這比直接講「我是悲傷的」來得好。你不等於你的情緒，不必去認同它們。

另一個開始了解自己情緒的有效方法是心理治療。幸好，現在心理治療已比二十年前更爲人所接受。有時候，我們會把治療當作面對強烈創傷的人的最後手段。不過，無論我們需不需要，不管處於哪個人生階段，對於每個人來說，心理治療都有幫助。與專業諮商師配合，可以讓你在指定的時間與空間解讀不安的情緒。

＊第二步：這種情緒告訴我什麼？

即便是痛苦的情緒，也能教會我們一些東西，因此，我們應該試圖了解，而不只是希望情緒消失。猶太大屠殺倖存者暨專門研究創傷後壓力症候群（PTSD）的心理學家伊蒂特．伊格（Edith Eger）寫道：「壓抑情緒只會讓情緒更難消失。表達出來才能解決憂鬱。」[7]當你認知到一種情緒時，便能妥善因應。我們感到悲傷，或許是因爲我們沒有活出自己全部的潛力；我們感到憤怒，或許是因爲我們無法堅持自己的價值觀。不管是什麼原因，要記住你的情緒是中立且短暫的，意思是指，感受到某種情緒無所謂好壞，那些情緒也不會永久存在。

我們在課程中聽到許多學員說希望「解決」他們的情緒。當他們感到悲傷，便以爲自己必須停止感受悲傷；憤怒、嫉妒、恐懼、挫折、愧疚等情緒也一樣。他們以爲，正面情緒可以保留，痛苦情緒則必須推開。我們都曾經歷一些極爲強烈的情況，忽視或壓抑情緒比正視情緒來得容易多了。但是，情緒往往是要傳達給我們一個訊息。本章前面的段落提到，恐懼或孤獨等痛苦情緒，通常顯示我們需要改變。或許我們需要去解決造成我們害怕的原因，或者跟關心我們的人相處。當我們正視情緒，保持耐心，不斷問自己「爲什麼？」，直到我們刨出情緒的根源，便會明白它要帶給我們的訊息。

這項練習的重點，不是要「解決」我們的情緒，而是面對它們。在表達你的感受之後，寫下你覺得這種感受試圖告訴你什麼。情緒的原因是什麼？這些情緒導致你想做或不想做什麼？

對我來說，寫日誌一直是界定、了解、客觀看待自己情緒的重要環節。有時候，我對情緒的評估很膚淺（比如，我感到憂慮），但在我深入挖掘並寫下來之後，便發現不只如此。寫日誌讓我了解情緒背後的大問題——爲什麼。你必須誠實反省，才能找出爲什麼。我經常會進行內心對話，問自己問題，思索答案，有時會再寫下來。舉例來說，我一開始可能是說：

「我感到憂慮。」

接著問：「憂慮什麼？」

「我接下來有一場重要演說，可是我覺得還沒有準備好。我擔心我會搞砸。」

「爲什麼？你不是已經寫好演講稿了嗎？你還有一週時間可以準備及練習。」

「是的，但我對聽衆不太熟悉，我擔心演說無法引起共鳴。」

「好吧，那麼你現在可以做什麼事，好讓自己安心一點？」

「嗯，我可以打電話給我知道會出席那場活動的人，詢問他們的目的是什麼、如何讓我的演講適合他們。」

「很棒！還有呢？」

「我可以研究那個組織。我可以瀏覽他們的網站，看看能不能找到任何最新消息，爲他們量身訂製演說內容。」

「這麼做的話，對你的憂慮有何影響？你有什麼感受？」

「我覺得好多了，因爲我會準備得更充分，演說會更吸引人，爲聽衆帶來更多價值。」

「好極了。那就去做吧。」

我寫下這些時，完全坦白，毫無保留。我記錄內在對話，以界定、了解及掌控情緒。寫日誌的好處，是我可以在數週、數月或數年後回去翻看，明白我的感受以及我有了哪些成長與改變。這種回顧讓我更能看清事情。沒有日誌的話，我還剩下什麼？不牢靠的記憶？我還會記得嗎？應該什麼都記不住。寫下來有助於我記錄生活、感激自己的體驗。

＊第三步：這種情緒對我有益處嗎？

問你自己「這種情緒對我有益處嗎？」的時候，記得要有彈性。南非心理學家暨《情緒靈敏力》（*Emotional Agility*）作者蘇珊．大衛（Susan David）說，我們傾向於對情緒做出呆板反應，例如把它們歸類爲「好」或「壞」，或是跟自己講不要有某種情緒，但這沒有益處。[8]對任何情緒過度執著，會讓我們被困住，即便是正面情緒。如果我們只允許自己正面樂觀，便可能陷入有害的人際關係或不健康的工作環境，因爲我們不聆聽自己的恐懼、悲傷或憤怒。

我們也許希望自己一直是快樂的，但這既不健康，也不可能辦到。然而，感到憂鬱或焦慮的人或許明白，有時我們陷在那種情緒狀態，是因爲我們已經習慣了，所以幾乎忘記如何感受其他情緒。感受到任何情緒都沒關係，放下情緒也沒有關係。「現今研究證明，接受我們所有的情緒，甚至是混亂、痛苦的情緒，正是韌性、茁壯成長與眞正快樂的基石，」蘇珊表示。

在問你自己「這種情緒對我有何益處」的時候，想想你生活中的事情。假如你感到倔強與憎恨，是因爲老闆叫你去做你不想做的工作，那你必須承認，執著於那些情緒是沒有幫助的。反過來說，如果你因爲失去摯愛的人而感到悲傷，你或許不想有這種情緒，然而，悲傷需要時間才會消逝。

問問你自己：這種情緒是否幫助我成爲我希望成爲的人？

＊第四步：我如何處理這種情緒，並繼續往前走？

大多數人的日常情緒體驗都很直截了當，也有辦法度過。然而，若是更爲強烈的情緒，我們可能會困在其中；但我們必須設法拋下那種情緒。在問自己「我如何處理這種情緒，並繼續往前走？」的時候，我們是在找尋答案，以看出明確的下一步。專注於下一步，不一定是要否定情緒，尤其是當情緒揮之不去或很難應對時。這裡的重點是避免沉淪於沒有幫助的情緒。

不妨將情緒旅程當作一趟公路旅行。你在各個情緒州之間旅行時，會加速通過某些地點，但在其他地點蜿蜒前進。你或許會迷路，去到陌生的地方，不過你還在開著車子。情緒本來就是短暫的，我們不必永遠定居在我們去到的情緒地點。正如同我們可以重新設定想法，我們也可以重新設定情緒。

舉例來說，你正準備做簡報，對於站在一群人面前感到很緊張。開始演說前，你覺得心臟砰砰跳。如果你說那是緊張或舞臺恐懼，就像很多人說的一樣，那也不算錯誤。但是，這麼想吧：你也可以把心臟砰砰跳，想成是你的身體已準備好面對挑戰的信號。如果我們告訴自己，那種緊張其實是一種決心，我們便能有自信地前進。

當你準備好從某種情緒繼續前進，嘗試暫停九十秒。哈佛大腦科學家吉兒．波特．泰勒（Jill Bolte Taylor）寫道：「一個人對環境做出反應時，體內會產生九十秒的化學過程；之後所殘留的情緒反應，只不過是那個人選擇停留在那個情緒迴圈……意思是指，你可以在九十秒之間看到整個過程，你可以感受到它的發生，然後你便能看著它消失。」[9]改變我們的環境、跟朋友聊聊、散步、寫日誌、把時間花在喜愛的嗜好上、運動，都可以幫助我們擺脫準備好要通過的情緒。

掌舵

TAKE COMMAND

面對情緒的這場戰役，有一半的關鍵在於你「決定去面對」。在這個鼓勵我們忽視或壓抑情緒、而非坦然面對的世界，光是承認情緒，便是一項成就。一旦我們發現自己正在推開情緒，就應該選擇去面對——我們將會培養出內在力量，能夠面對任何情況。

原則：跟你的情緒做朋友

行動步驟：

- **面對你的情緒。**想想一種十分強烈或現正困住你的負面情緒。掙脫那種情緒，對你有何意義？你的生活將有何影響？
- **利用這個過程。**下次當你感受強烈情緒，像是憤怒、悲傷、挫敗或嫉妒時，暫停一下，花一些時間處理。提出下列四個問題：
  - ▼我有什麼感受？
  - ▼這種情緒告訴我什麼？
  - ▼這種情緒對我有益處嗎？
  - ▼我如何處理這種情緒，並繼續往前走？
- **觀察情緒的發生。**如果你在一次對話或痛苦體驗當中出現強烈情緒，請暫停九十秒。
- **改變你的狀態。**改變你的環境，跟朋友聊聊，散步，從事喜愛的嗜好，運動；不要耽溺於情緒。

4

建立自信

幾乎每位學生飛行員在首次單獨飛行之後，表現都比之前更好。雖然在空中獨飛的那十分鐘裡，他可能沒有學到新的知識，但卻得到了某樣非常重要的東西——自信。而他是如何獲得信心的呢？就是去做他感到恐懼的事，直到創下成功的紀錄。

——戴爾·卡內基

二〇一四年三月，我在密西根州皇家橡市的「馬克·里德利的喜劇城堡」（Mark Ridley's Comedy Castle），站在後臺拉門前。再過不到一分鐘，主持人就會喊出我的名字，然後門就會打開，我就要走上臺，開始我人生中第一場單口喜劇表演。唯一的問題是，我緊張死了。我的心跳很快，胃也因爲焦慮而不停攪動，當我看見旁邊的逃生門時，腦中能想到的就只有逃跑。「現在離開這裡還不算太遲，」我想。雖然過去這些年，我有許多演講的經驗，但是，這跟站在兩百名喝了酒並期望我能讓他們發笑的人面前還是不一樣。我滿腦子都是失敗——面對我的笑話，觀衆鴉雀無聲、雙眼無神地盯著我，因爲我實在講太爛了而發出噓聲，某些醉漢把啤酒砸向我。眞的壓力山大。

是我父親啟發我去報名單口喜劇課程的。他七十幾歲的時候去做了這件事，說這很令人振奮，也認爲這會對我的事業有所幫助。當時我正在做銷售工作，他說：「大家都喜歡幽默的人。讓更多人喜歡你，你就能賣得更多！」雖然我並不打算轉行去做喜劇演員，但我對自己的人生感到很自滿，我想跳脫舒適圈去挑戰自我，認爲這樣會讓自己的情緒變得更健康，因此，我決定要在單口喜劇和高空跳傘之間選擇一個。現在，我眞希望自己當初是選高空跳傘。

然後，我聽見主持人宏亮的聲音響徹整棟建築：「讓我們掌聲歡迎下一位喜劇演員，喬・哈特！」我打開門，走出去，握住麥克風，開始我的六分鐘演出。大多數內容都和我的家庭有關。「我有六個孩子。四個女兒分別是十五歲、十四歲、十二歲、十歲，還有一對雙胞胎男孩，分別是八歲和……八歲……」對，這是一個很老套又無聊的開場笑話，但我眞的非常感激，有幾位觀衆笑了。我越來越有自信之後，就能說出更好的笑話，伴隨著更大的笑聲。整體來說，成果非常好。我擔憂的事情全都沒有發生。事實上，情況完全相反，其實很好玩，而且很令人興奮。我所體驗到的腎上腺素和自信是意想不到的。

那一晚之後，我越是表演單口喜劇，就變得越有自信，即使並不是每一次都表現得很好。有時候我也會嚴重出包，可能會在同一個晚上的兩場表演中以一模一樣的方式說出一模一樣的笑話，少數觀衆會笑，其他觀衆則是給予我羞辱性的沉默。曾有兩次遇到有人來搗亂，還有一次在開放麥克風（open mic）時因爲超時而被拉下舞臺。在這些事情發生時，即使是最糟糕的情況，都沒有像我想像中那麼糟糕。逐漸地，我觀察觀衆的反應、與觀衆互動的能力進步了；照稿唸的感覺減輕了、變得更加自然，也更加投入於當下；我學會安排笑話的時機，讓觀衆笑得更久（一位喜劇演員甚至教導了我什麼是每分鐘笑點數〔LPM，laugh per minute〕，我以前根本不知道有這個計量方式存在）。我發現，與輕鬆的觀衆相比，那些較爲嚴格的觀衆更能磨練我的技術，所以那些「糟糕」的夜晚造就了「好」的夜晚。這一切都讓我的舒適圈擴大了，那些自信也持續延伸到我人生中的每一個面向。

要掌舵我們的人生，首先要掌舵我們自己，而我們必須擁有自信才能做到這件事。眞正的、確實的、眞誠的自信（並非傲慢），是推進我們穿越逆境的火箭燃料。它可以幫助我們與他人以健康的方式互動、願意冒險、抓緊機會。要過上美滿的人生，自信是最重要的條件之一；而相反的事物——生活在恐懼、懷疑、不安、擔憂之中，則可能摧毀我們。

那麼我們要如何建立自信呢？該做什麼才能從現在的自己變成嚮往的自己？有兩件事特別重要：自我效能（self-efficacy）和自我價值（self-worth）。

＊自我效能

自我效能就是相信自己有能力做到某件事，這與我們能否達到爲自己設下的目標有直接的關聯。自我效能很高的人會將困難視爲挑戰而不是威脅，因爲他們相信自己有能力，也相信自己做得到，無論是什麼樣的困難。即使他們沒有達到目標，也知道自己會成長、變得更好。

當我們懷疑自己時，會去逃避那些我們認為太過困難的事情，一直想著自己的失敗和負面結果。對於自身能力抱持健康的態度，可以幫助我們將困難視為必須克服的任務，對自己熱愛的事物有更堅強的承諾，也能很快地從令人失望的經驗當中恢復。那麼，我們該如何培養自我效能？即使我們現在覺得自己沒有自我效能，也可以透過冒險、慶祝小小的成功、效法身邊具有啟發性的人們的行為來培養。

☺冒險

首先，我們可以透過冒險來培養自我效能。當我踏上舞臺的時候，我是在冒險；當我得到一點小小的笑聲之後，我開始相信我做得到。困難之處在於你不想做的那件事——亦即讓你恐懼的那件事——也就是會幫助你建立自信的那件事。當你去做某件你認為自己無法做到的事情，就會強化肌肉。

比較麻煩的是要找出「什麼」算是冒險。對我來說，接受馬拉松的訓練或表演單口喜劇，感覺就像是真正的險境，但是對一些人來說，這些事情可能不算什麼。根據所接受的教育、能力、過往經驗、身體構造，每個人認爲的危險都有所不同。比較小的孩子可能會覺得從遊樂場的大溜滑梯上面溜下來很危險，但是，大一點的孩子就會爭先恐後、毫不猶豫地溜下來。有些人害怕自動自發，有些人害怕組織架構。經驗老到的攀岩者可能會認爲攀岩沒什麼危險，但如果是我就會站在地面上、想著我到底給自己惹上了什麼麻煩。無論你認爲什麼事情是危險的，若要建立自我效能和自信，通常都是要在你對結果沒把握的時候做出行動。

有時候，建立自信感覺會像是爲了追逐個人發展而反抗家族的信仰。泰拉・維斯托（Tara Westover）是在愛達荷州鄉下的一座山裡長大的。她的父母是生存主義者（survivalist），偏執地懷疑政府要干涉他們的生活，這對她的成長和教育造成了深刻的影響。父母不允許泰拉和兄弟姊妹們去上學、取得出生證明、接受醫療。只要嘗試去做任何違反父母期望的事情，就會遭受言語及肢體虐待，也就是說，只要嘗試做出違反父母規定的事情，感覺就是一種很強烈的危險，會造成非常嚴重的後果。泰拉在她的暢銷回憶錄《垃圾場長大的自學人生》（*Educated*）中寫道：「我的人生出他人說給我聽，他們的聲音鏗鏘有力、篤定決絕、不容置疑。我從沒想過，我的聲音也可能和他們一樣擲地有聲。」

泰拉的父親認爲女人最重要的目標就是結婚、生養小孩。他讓泰拉穿寬鬆的衣服，這樣才不會顯露出身材，並強迫她在他的廢鐵場工作，而不是去上學。泰拉從地下室裡一些老舊的教科書獲得幫助，自己偷偷地學會閱讀和代數。最終她學得足夠多，足以去參加美國大學入學考試（ACT）。泰拉知道，如果能去讀大學，就可以永遠離開家了。這很困難，也很可怕。「我所學到的技能很重要，」她說，「那就是如何有耐心地閱讀我還無法理解的東西。」

泰拉努力不懈，違抗家人，終於成功取得楊百翰大學（Brigham Young University）的獎學金，逃離原生家庭。她最終也拿到劍橋大學的獎學金，在那裡取得歷史博士學位。泰拉每一次的冒險都讓她的自我效能變得更加強大，即使家庭並不支持她，她也學會相信自己的能力，一小步一小步地前進，改變自己的處境。[1]

我曾邀請法拉利綠訊行銷諮詢顧問公司創辦人啟斯．法拉利（Keith Ferrazzi）上我的 Podcast 節目，我們討論到恐懼和自信的關聯。他說：「每一種不安和恐懼都是靠練習來克服的。事實上，有一個心理學術語叫做『有效預測死亡顯著性』（effective forecasting mortality salience），就是換個好聽一點的說法來表達『我不可能做到那件事的，我會死。』不，你不會死。而唯一能讓你領悟到自己不會死的方法就是去嘗試，並理解其實沒那麼可怕。要發現這一點，唯一方法就是去做。練習是最重要的。」

創造並慶祝小小的成功

當我們開始練習冒險之後，就必須要創造一些小小的成功。如果你面臨令人氣餒的困境，動搖了你對自己的信任，就想想你要如何吃掉一頭大象——一次吃一口，而且每吃下一口，你就更加感覺自己做得到。假如你在學習一項新技能時感到很困難，可以把每個步驟分解成能夠更加輕鬆達成的小片段。比如說，倘若你想學一種新語言，必須要花上很多時間（可能是好幾年），才能變得很流利，所以這個目標就顯得令人卻步。但要是將它分解，並決定你首先要學會的最常用的兩百個單字，你便有了一個相較之下更可行的目標；這是你幾週之內就能做到的事情。把看起來很可怕或困難的事物，拆分成較小的目標，會讓事情顯得較爲容易。

接下來，當我們做到的時候，要認可並慶祝自己的成功。回想一下過去的經驗，當你學會了某件困難的事情，或者成功做到以前覺得不可能做到的事，你的感覺是什麼？很多時候，我們會隨便地度過這個瞬間，然後往下一個目標前進。其實，我們必須花時間、用有意義的方式慶祝這些小小的成功。對某些人來說，可能是和朋友去吃一頓特別的晚餐；也有些人可能是休一天假，做自己喜歡的事。

此外，想一想，我們是如何取得那些小小的成功。你是做了哪些事情才成功的？不要把重點放在實際做的事，而是在於你如何做到，以及你在過程中是如何引導自己的。若能清晰地回頭檢視自己如何取得這些成功，就能幫助你未來再度取得成功。

☺ 看看你的模範榜樣

試著將那些擁有強烈自信的人當成你的模範榜樣。當我們看到他人很有自信的樣子，就會去學習並增強自信，認爲自己也能做到。找一個跟你很像的人當作模範榜樣，會讓這個方法更加有效。那個對象和你的人生經驗越相像，你就更有可能相信自己會成長。你也可以向你所尊敬的人尋求支持，尤其是認識你、愛你的人。請他們告訴你，爲什麼他們相信你能做到。

最後，記得使用正增強（positive reinforcement）。還記得我們在第一章〈選擇你的想法〉所提到的自我肯定嗎？創造一種自我肯定來提醒自己一定可以通過正在面對的困難挑戰，是一種很有效的鍛鍊。

＊自我價值

另一種培養自信的方式，是專注於我們的自我價值。自我效能和自我價值看似是同一件事，但它們其實有著很重要的差異。自我效能是你相信自己有能力去做並做到；自我價值是你感覺自己夠好、值得被愛。自我效能是你可以做什麼；自我價值是你是什麼樣的人。人們時常將自我價值和自信或自尊搞混，但是，自信與自尊通常和我們的外在事物有關，例如成功或失敗。自我價值只源自於內在；字典裡對它的描述是「感覺自己是一個好人，值得被尊重」。

成長過程中被對待的方式、痛苦或挫折的人生經歷，甚至是人格特質（完美主義、社交焦慮、想討好別人等），都有可能讓我們的自我價值低落。無論根源是什麼，自我價值低落就是認為自己「無論如何都不夠好」的一種固有思想。在我們經歷新的挑戰或人生中的角色轉換時，雖然自信和自我效能可能會發生改變，但是，自我價值卻應該盡量保持一致比較好，因為我們每個人生來就值得尊重和善意。

雖然我們希望自我價值能保持穩定，然而，在這個充滿負面訊息的世界，這是很難做到的。社群媒體上充滿了讓人難以招架的影響，許多人都曾經在某篇貼文底下看到別人惡意或批判性的留言，然後馬上就被傷透了心——讓它對我們的自我認同產生影響。外面有許多刻薄的人，網路讓人們更容易彼此傷害，但我們不一定要允許它影響到我們的自我價值。

安莫爾．羅德里格斯（Anmol Rodriguez）年僅兩個月大時，她父親因為老婆生下的不是兒子而感到憤怒，在暴怒之下用硫酸攻擊了母女倆。[2]安莫爾的母親因傷勢過重而去世，安莫爾的臉和身體則是留下了永久性的傷痕。她的父親被逮捕，其他親戚也拋棄了她。她接下來的童年都在孟買的孤兒院度過，她在那裡結交到朋友，過得安全且被妥善照顧。

安莫爾的童年大多數時候都是快樂的，但是，當她上了大學之後，同學們都在竊竊私語地討論她、用怪異的眼光看她。畢業後，她找到一份軟體開發的工作，卻在兩個月後被開除了。爲什麼？公司沒有告訴她理由。之後，她才從同事那邊聽說，她的臉讓某些同事感到不舒服。

大多數人可能會因爲這些遭遇而決定躲起來、再也不面對這個世界。然而，安莫爾不一樣，那些惡意的舉動讓她內心產生了根本上的改變。她不想成爲別人眼光之下的受害者，同時感受到內心有一種不可動搖的自我價值，想掌控自己所處的環境。於是，從二〇一六年起，她決定開始在社群媒體上分享自己的故事。

剛開始，安莫爾的朋友都向她提出警告，因爲覺得她會被霸凌、被騷擾。她說：「我是第一個在社群媒體上分享照片的硫酸攻擊倖存者。」她的貼文並沒有被大量的仇恨留言灌滿，反而是被廣爲分享，並獲得暖心的正面回應。

安莫爾通常都是貼出未經修飾的內容，因爲她希望人們看見沒有濾鏡、沒有修飾的自己。她說：「我並不是完全沒有受到批評。還是會有人來鬧事、留下負面評論，但我不斷提醒自己，這只是一個虛擬空間，所以我從不把上面的事放在心上。」現在，安莫爾是社群媒體名人，也是勇氣基金會（Sahas Foundation）創辦人，這是一個爲硫酸攻擊倖存者提供支援的基金會。她曾在全球各地的時裝秀上走秀、在TEDx發表演講、出演短片，並於二〇一八年卡斯翠影展（Casttree Film Festival）獲得最佳女演員獎（Best Performance Female）。留言、批判、評論都不會動搖她內心的自我價值；沒有任何事物可以改變她看待自己的方式。

自我價值的特質是隱密且內在的。研究人員認爲，強健的自我價值通常源於對自己給予理解、同情。[3]與成就或狀態無關，並不是得到升職，或把所有待辦事項都做完就行了。自我價值與情緒的穩定度有很緊密的關聯。（這就是爲什麼我們必須努力調整自己的想法和情緒！）它不會因爲我們失敗或犯錯就有所動搖，也不是來自我們拿自己和他人比較並獲勝。

如何練習建立自我價值：

- **對自己好一點**。對自己說話的時候，就像是在跟你最好的朋友說話一樣。肯定自己，維持健康的生活作息，照顧自己的心靈和身體。

- **往內心尋找認同。**不要尋求外在成就來證明你作為一個人的價值。透過外在成就來建立自我效能是很棒的，但自我價值只會源自於內在。
- **將「你是誰」和「你做了什麼事」區分開來。**許多人會用事業、身分、社會地位來決定自我價值，但是，強健的自我價值與外在成就無關，而是你與生俱來的價值。
- **不要拿自己和他人比較。**「比較陷阱」是我們容易碰上的最糟情況之一，尤其是在網路上。「比較」會讓我們陷入負面思考的漩渦，忘記了原本生活的目標。不管是在網路上或現實中，拿自己和他人比較都是不健康的。一定要不計代價地避免落入比較陷阱！

*自信

將自我價值和自我效能結合起來，就可以開始建立自信了，也就是相信我們可以依靠自己。擁有強健的自信，就像你對朋友、家人或同事的那種強烈信心是一樣的——你知道他們有與生俱來的自我價值，不管他們做什麼事，你都能看見他們的優點。有了這種自信，你會覺得你隨時都可以依靠自己，無論發生任何事。

當行銷專家波蒂亞・芒特（Portia Mount）被外派到中國上海時，經歷了嚴重的冒牌者症候群，一直認爲自己不夠好——她懷疑自己的能力，認爲自己在現在的位置上是個冒牌貨。她不只對自我效能產生懷疑，也對自我價值產生懷疑。假如沒有十足的信心，便無法爬升到她當時的位置，但新工作卻動搖了她的信心。那家公關公司當時只有兩個美國人，她就是其中一位，而她認爲自己完全還沒準備好，要在這樣一個全新的環境裡工作。她的客戶大都很滿意，但她卻認爲自己做得不好，無法跟上上海公司的快速步調。波蒂亞說：「文化衝擊帶來的不知所措，以及擔心我努力想完成的這項任務會失敗，這兩個煩惱結合在一起了。我責罵自己是復健中的優等生。現在想想，我當時給了自己太多不必要的壓力。」

某天晚上，波蒂亞的手機響了，是執行長打來的。她說：「當時我想，執行長爲什麼要晚上十點打電話給我？結果他說：『嘿，波蒂亞，我是克里斯。我只是想問問妳還好嗎？聽說妳做得很棒，我只是想告訴妳，如果妳需要任何幫助，就打給我。』我還記得我想著，爲什麼執行長要打給我？他是不是有安排線人來監視我，這樣才能找機會開除我？這就是自我懷疑——它會讓你一再懷疑自己的能力和資格，即使客觀來看，你是百分之百合格的。」掛了這通電話後，波蒂亞花了一些時間回想執行長說的話，她發現執行長是支持自己的。他不只希望她成功，也相信她做得到。「我只需要拒絕自己腦中的恐懼，接受未知的事物，開口尋求幫助，放下試圖做到完美的想法。」

波蒂亞並沒有在一夜之間就克服對自己的懷疑，但她逐漸習慣在中國的新生活，也漸漸能夠開口尋求幫助。她擁有來自紐約朋友們的鼓勵，同時與上海的新同事們建立起互相幫助的關係。她開始對自己的能力越來越有信心。她和客戶互動良好，而她也開始更溫柔地對自己說話。「我給了自己一點喘息的空間。我來到另一個世界，生活在一個全新的城市，不會說這裡的語言。在這個全新的工作環境裡，沒有人要求我知道所有的答案。」

過去，她一直對自己說：「我是個假貨，只要我一開口，大家都會發現我是假貨。」但是，她改變了對自己說話的方式。她說：「事實是這樣的，公司不會花大錢投資一個沒有能力勝任的人去海外，這不可能發生。」她爲自己加油打氣是有道理的。當她失去自信的時候，就會看一看先前的成就，提醒自己曾經做到哪些事。「我會坐下來，看著我的領英（LinkedIn）個人資料，對自己說：『看看最新的三個評論。妳看到什麼？資料顯示出妳是有實力的，妳值得這個地位，妳有能力勝任。』」

波蒂亞藉由鼓勵自己來建立自信。以下是一些我們現在就可以做的事，足以改變情況：如果你不會對自己喜愛且尊敬的人說這些話，那就不要對自己說這些話。想像一個你生活中的人，一個你永遠不會對他口出惡言的人。如果那個人做錯了某件事、影響到你，你會對他說什麼？你不太可能會說「你這個白痴」或「你是個廢物」；許多人都會這樣對自己說話，但你應該用對待你想像的那個人的方式來對待自己。你可能會說：「我知道你做錯了，但每個人都會犯錯。我們來想想能怎麼彌補。」決定不對自己說負面的話之後，我們就爲自己創造了一個安全的環境，可以去挑戰新事物、冒險、犯錯。

當你懷疑自己的時候，就想想你的強項。舉例來說，如果你擔心某項工作，害怕自己懂得不夠多、無法完成它，那麼你可以專注在你懂的事情上。假如你正在面對一項大挑戰，就想一想你的解決方案可行的理由。倘若你對人生感到失望，就轉而想一想現在讓你覺得感恩的事物有哪些。藉由談論問題的解決方案，就能在過程中加強正面想法，而不是陷入負面想法。

如果你發現自己實際上眞的缺乏某些知識或經驗，也必須解決，便要盡快採取行動。當麥可很年輕就當上分部經理時，他也經歷了冒牌者症候群（第二章〈調整成功心態〉有談到他的混亂經驗）。因爲當時麥可只有二十五歲，他覺得自己不夠資格待在這個位置，也擔心同事會發現他根本無法勝任。麥可說：「我很年輕，而且我覺得自己懂得不多，所以我知道自己有兩個選擇：我可以繼續覺得自己很糟，或者去做點什麼來改變。我對自己說，如果我缺乏的是知識，那可以靠努力學習來解決。我詢問銷售人員能否加入他們的通話，他們答應了。我中途加入訓練師開設的課程聽課。無論是在銷售通話或訓練課程的環境中，我都會詢問銷售人員和講師許多問題，問他們在做什麼、爲什麼要這樣做。他們都很棒，我在短短六個月內就獲得了好幾年的學習成果。我學得越多，就越有自信，很快地駕輕就熟。然後，在我還沒注意到的時候，冒牌者症候群就消失了。」

自信來自於相信你自己，相信你擁有的獨特能力。因此，和他人比較，會傷害我們的自信。我們不可能成爲其他人，只能做自己，但我們可以選擇成爲最好的自己。

維克多・羅哈斯（Victor Rojas）擔任美國職棒德州遊騎兵隊的同步播報員時，希望自己能變得像當時的頂尖播報員艾瑞克・納德（Eric Nadel）一樣。艾瑞克是傳奇性的棒球名人堂播報員，維克多用盡一切努力試圖模仿他。棒球賽季進行到一半的時候，維克多的妻子對他說：「你把所有和德州遊騎兵隊待在一起的時間都用來模仿艾瑞克・納德；你應該做自己。」妻子的話讓他明白，「我不應該變成第二好的艾瑞克・納德，而是應該要成爲最好的維克多・羅哈斯。」

放棄做認爲自己應該成爲的人、接受原來的自己之後，維克多擔任了十年的洛杉磯天使隊播報員。他接受了自己獨特的聲音，這份自由讓他獲得成功，而且是超出他原本認爲自己能做到的。他依靠自己的努力，成爲了傳奇。

掌舵

TAKE COMMAND

我們無法永遠保持自信。所有人都會經歷缺乏自信的時刻，即使是擁有多年經驗的人。當這些時刻到來，尤其是在失敗或困境之後，我們必須重新找回狀態、重新建立自我效能和自我價值。這是一個持續起伏波動的過程，巔峰就是感覺自己充滿自信、準備好面對任何事物。

建立自信需要花費時間、精力及練習，不過，只要記得對自信保持成長心態，就能做到。我們是否擁有對自己的信任，取決於對自身能力、自己是什麼樣的人的信念，以及曾經歷過的成功與失敗。處理好我們的想法和情緒之後，最重要的事之一就是建立自信，這樣才能掌舵我們的人生。

原則：認同並欣賞你「與生俱來的偉大」

行動步驟：

- **建立自我效能**

▼冒險。為了讓自己在舒適圈之外也能感到自信，有什麼微小的風險是可以承擔的？

▼為自己創造小小的成功。剛開始練習時，先做一些容易做到的事，這樣就能體會到成就感。

▼ 慶祝你的成功。每天結束時，花一點時間來慶祝你完成的事情。

- **練習自我價值**

▼ 對自己好一點。

▼ 往內心尋找認同。

▼ 將「你是誰」和「你做了什麼事」區分開來，你的價值不是來自於你的工作或頭銜。

▼ 不要拿自己和他人比較。

▼ 對自己說話要像對你愛的人說話一樣。

- **建立自信**

▼ 給自己加油打氣。

▼ 以那些有強烈自信的人為典範。

▼ 使用正增強。

▼ 向了解你、愛你的人尋求支持和正面回饋。

5 擁抱改變

一個人受到傷害的程度並不是取決於發生的事件本身，而是取決於他對該事件的看法。

——戴爾・卡內基

路克・馬奎爾・阿姆斯壯（Luke Maguire Armstrong）聽見鑼聲的同時，也感受到聲響在空中振動。此時是凌晨三點，鑼聲表示早晨冥想的時間到了。他跟隨穿著袍服、沉默不語的僧侶，由禪房走去寺廟。他心裡第一百萬遍想著，這趟亞洲之旅原本不是要來到泰國這處名爲「無憂寺」的上座部佛寺。

他原本打算從曼谷前往尼泊爾，去宣傳他最近發表的新書，但由於頸部突然劇烈疼痛，他改變了計畫。他多次看了醫師與推拿師都無解，找不到止痛的辦法。一連串巧合引領他來到這處佛寺，他想說，一週的冥想與「無憂」或許會讓他好受一些。但這不過是他的體驗的開端而已。

在僧院的安靜冥想之中，路克審視內心。有一天冥想時，他領悟到他所面對的不僅僅是身體上的疼痛而已，他更難處理的是突然病痛所帶來的情緒。「我發現了我之前不知道的深層情緒——焦慮、恐懼、失望，以及身體的背叛。」

路克好不容易才成爲一名作家。他寫了一本書，經營部落格；爲了作爲獨立作家，同時還兼了各項雜工。但現在他坐在電腦前沒幾分鐘，就感到劇烈疼痛。他奮鬥得來的一切，似乎正在被慢慢摧毀，因爲疼痛已掌控他的人生。「我發現，困擾我的情緒是在告訴我，我不接受計畫被更改，而我自覺失敗了，」他說。

這是路克的人生谷底，但至少他開始意識到原因。

作家暨猶太大屠殺倖存者維克多．法蘭可（Viktor Frankl）寫道：「當我們再也無法改變局勢，我們的挑戰便是改變自己。」[1] 路克對於環境無能爲力，所以他必須改變自己的看法。路克首先臣服於現實。他先前一直執著於旅遊計畫，以至於計畫帶給他的傷害，跟頸部受傷差不多。「放棄你對人生的規畫之後，你便重新進入現實，從現在的位置開始出發，」他說。路克設定作息表，每天練習瑜伽及冥想，培養對於改變人生的有益心態。他採取佛教的「聖默然」（noble silence），晚上十點到早上八點之間，除了禁語，也不跟人互動，包括面對面與網路上。他減少想做的事情，專心把一些事做到最好。他增加獨處，有更多時間冥想。這些練習讓他對於改變人生計畫有了開放心態，也相信自己可以做到最好，無論人生給他什麼試煉。

他接受改變之後，得到很大的助益。過去四年裡，路克在瓜地馬拉創設了藝術與瑜伽士修行中心「Karuna Atitlan」、寫了四本書、幫助許多作家出版、發行六張音樂專輯、爲八十五名瓜地馬拉學生募款十萬美元。由於他能夠適應改變，所以他重新構思了他的未來，幫了自己與他人很大的忙。

我們在先前四章學習過，如何注意我們的想法、面對我們的情緒、調整成功心態與建立信心。這些步驟都能讓我們變得強壯，但在經歷改變時，仍會感覺被踹離軌道。改變可能會讓我們的計畫脫軌，讓任何人感到挫折。

本章的目標是讓你能夠接受改變，並在改變之中尋找機會。

暢銷書《恆毅力》（*Grit*）的作者安琪拉・達克沃斯（Angela Duckworth）說：「當你在人生中一再遭遇你無法控制的負面事件，便明白人在面對逆境時是相對無助的。相反地，堅韌的反應則是去尋求你可以控制的小事情——並不是幻想你可以控制每件事。堅韌的人總會想著：『這行不通，那也行不通。但我還沒有嘗試這個。』」[2]

無論我們是否預期到改變，都無法降低挫折感與抗拒感。突然遭逢改變，感到驚慌與情緒激動是正常的。我們的情緒反應往往與我們的期望有關。本書第三章〈面對你的情緒〉提到的蘇珊・大衛博士表示，保持靈活可以讓我們「用自我接受、清晰視野與開放心胸去經歷人生波折。」[3]

下次當你面對改變，試試這麼做：

- 承認你的抗拒感。
- 迎合不可避免的事（接受你無法改變的事）。
- 做你所能做的事。

能夠站上混亂的浪頭、接受改變，並不表示我們放棄掙扎、忍受很糟的體驗。並不是這樣。大衛博士寫道：「接受是改變的前提。這意味著允許世界運轉，因爲唯有我們不再試圖控制宇宙，我們才能和平相處……等到戰爭結束，改變才會開始。」

☺ 承認你的抗拒感

在宗教大學讀書時，費絲・史密斯—普雷斯（Faith Smith-Place）並未預期自己在畢業前會懷孕。然而，她卻在二〇一九年秋天懷孕了。她覺得自己面對許多阻力：她還沒大學畢業，住在宿舍，跟孩子的父親尚未結婚，也沒有健保。這不是她對大四這一年的規畫，更不是她的人生規畫。

這似乎是她無法面對的挑戰。雪上加霜的是，這有著長期後果：假如她沒有大學畢業，她的生涯該怎麼辦？如果懷孕影響她找到工作的機率，她要如何照顧小孩？「我有人生計畫。但在懷孕後，計畫就像是從我腳下被抽走的地毯，」費絲說。

費絲激動、憤怒，擔憂自己的未來。起初，她強烈抗拒這個新現實，但在壓力與孕吐之間，她明白自己有一個選擇——她可以專注在「出錯」的事情上，或者專注在人生裡順利的事。她還注意到另一種感受——甜蜜感。孩子的父親，也是她最好的朋友，向她保證不會拋棄她——除了她，他不會跟別人結婚成家。當她把自己懷孕的消息告知父母，父親默默把她抱在懷中，母親則說：「我們有的不多，但我們有的也是妳的。」這也讓她感到甜蜜。第一次胎動亦令她感覺甜美。費絲說：「我明白我無法改變現況，但我可以選擇看到其中的美好。」

她亦明白，在孩子出生前，她必須改變追求人生的方法。即將舉行畢業考試時，新冠疫情導致大學關閉，這對許多學生而言是一大阻撓，對她卻是一項福音。她孕期最後兩週在隔離中度過，寫完作業，進行線上考試，準備期末報告。最後一次教完線上寫作家教，她開始陣痛。帶著寶寶回家的十天後，她完成大學學業。

「現在，我有了可以居家上班的夢幻工作。我跟兒子與丈夫待在一起，這世上我最愛的兩個人。有許多事是你不能控制的，但若能專注於帶給你喜悅的事，你大概就能應付任何情況。有時，痛苦的事會變成美好的事。順勢而爲吧。」

費絲可以屈服在對於人生發展的抗拒之下，她可以緊抓著「原本應該這樣」的想法不放，但她選擇不那麼做。面對人生急遽的改變，她也改變自己的期望，並採取因應情勢的做法。

抗拒改變，往往造成我們內心的戰爭。路克花了數週抗拒現實，直到接受之後再前進。費絲承認她的抗拒，然後決定接受人生的轉變，盡其所能地讓轉變更爲順暢。他們都面對了重大挑戰，你覺得哪個人比較輕鬆呢？一旦我們不再抗拒，便能擬定計畫，掌控接下來的情況。

迎合不可避免的事

寫作本書時，我飛到加州爲一次大型全州會議進行現場主題演說。這是自新冠疫情以來，我第一次現場演說；我想要確保一切順利。演講前一天，我到活動會場跟主辦單位確認流程。我測試了別在領帶上的小麥克風，因爲我講話時喜歡比手勢，手持式麥克風不好拿。站在講臺上，我很高興看到天花板垂下一個十呎乘十呎的螢幕，我可以抬頭看到我的簡報，而不必轉頭看我背後的大型螢幕或講臺前方地板上的小螢幕。一切看起來十分完美，主辦單位向我保證一切都會順利。

翌日早晨，演講時間到了。我站在後臺，舞臺上從天花板垂到地板的布幕隔開了我和觀眾。司儀介紹我的時候，我快步走上舞臺階梯，結果不慎絆倒，兩手與雙膝重重落地。不痛，觀眾也沒有看到，因爲我還在幕後，但我懷疑他們都聽見了我跌在舞臺地板時發出大聲驚叫。我站起來，拍拍身上的衣服，急忙走向臺前，帶著大大的微笑，準備勇敢面對跌倒。「絕對不要讓他們看見你冒汗，」我在心裡想著。接著我開始說：「身爲領導人，對你們公司來說，你們比從前更加重要。」我一開口便發現，領夾式麥克風沒有聲音。我等了一下，又講一遍。「身爲領導人，對你們公司來說，你們比從前更加重要！」我講得比第一次更爲用力。觀眾面面相覷。「聽不到！」臺下一名觀眾大喊。我愣在臺上一分鐘，音效小組趕忙過來修理我的麥克風，觀眾耐心等候，主辦人最後走上舞臺，遞給我一支笨重的手持式麥克風——正是我最討厭的那種，他們跟我說不會用到，因爲我有領夾式麥克風。那一刻，我回想起成爲卡內基講師的訓練過程，以及隨機應變的重要性，於是我開始演說，彷彿什麼事都不曾發生過。然後我抬頭，十二小時前還在的天花板螢幕，居然不見了。「你們一定是在開我玩笑，」我想著。前一天的預備工作都白費了。

我站在大批觀衆面前，這可是我兩年來的首次現場演說，然而我在臺上感到挫敗、失望和憤怒。「啊，這有一天會成爲一則佳話，」我跟自己說，「該來搞定這次演說了。」

我最喜歡的卡內基原則之一，是「迎合不可避免的事」。我們必須學習如何接受無法改變的事，然後改變我們處理情況的方法。我接受不可避免的事，選擇正面迎擊、使出全力。最後，演說順利進行。我走下講臺，音效工程師不斷道歉。我看著他說：「你知道嗎，湯姆？如果麥克風故障是我今天最倒楣的事，那麼今天眞是美好的一天。」

這個小故事是世事不會盡如人意的例子，說明我們應該要有彈性。處理這種事情的最佳方法是隨勢而爲，順水推舟。

☺ 做你所能做的事

倒不是所有改變都會猛撲上來，也不是所有改變都會強加在我們身上。人生不完全是不成功便成仁的時刻。有時我們會面臨平凡的時刻，需要我們在面對傳統時自願做出改變。

約翰和貝蒂．馬伯斯（John and Betty Mobbs）夫婦在愛達荷州豪瑟市（Hauser）經營一座農場，利用再生農耕方法，意思是他們不用殺蟲劑、除蟲劑和肥料；動物們都在農場裡誕生，他們讓大自然孕育他們的土地。約翰的祖父母與父母於一九七二年創建這座農場，教導約翰一切他們所知的知識。在傳統農耕成爲美國標準做法之後，約翰和貝蒂並未停止評估那些使用合成化學製品來經營田地的新方法。

二〇一八年，約翰和貝蒂參加了一場再生農業會議，他們聽聞合成物（肥料、化學製品和除蟲劑）會殺死增進土壤健康的微生物與昆蟲。約翰這才明白，二十世紀初葉以來的農耕方法仍是對地球最好的，因爲他的祖父母沒有用化學製品——當時他們使用雞糞。那次的大會還強烈建議他們改變繁殖牛犢的季節，以配合大自然。他們總是在二月開始繁殖牛犢，因爲約翰家裡是這樣教他的，所以一直以來都是那麼做。與另一名再生農場主人討論時，他向約翰和貝蒂說：「但那是冬天，氣溫會降到零度以下。接著便是泥濘季節。爲什麼不等到青草長出來的季節再開始生小牛，和大自然同步？」

「我們在得到那項資訊之後，必須思考：嗯，等等，我的祖父和父親都是這樣做的。我們要繼續下去，抑或打破傳統？」約翰說。他們從未想過有更好的做事方法。他們想要尊重祖父與父親的智慧，因而對改變產生抗拒，但在他們更加了解生態農業之後，他們覺得愧對牲口與田地的健康。約翰與貝蒂沒有採取全面推翻的態度，而是覺得可以藉由接納生態農耕與再生農業，堅守家族價值，但同時承認一些做法（例如在二月開始繁殖小牛）對他們不再有意義。總之，他們決定努力改進經營農場的方式。貝蒂說：「我們的第一價值觀是，我們是土地、動物和客戶的僕人。我們秉持己所不欲，勿施於人。」擁抱改變後，約翰與貝蒂讓他們的小世界變得更健康、更快樂。

接受改變，意味著我們必須明白，有時我們需要做出選擇——維持舒適的做法，或者，改變並接受新的生活方式，一種對我們及身邊的人或許更好的方式。改變不會總是自己找上門，有時你需要出去跟它正面接觸。

然而，改變也有可能成爲不健康的習慣。尤里．克魯曼（Yuri Kruman）自認善於因應改變。九歲時，他從俄羅斯移民到美國學習新語言和文化。他和一名法國工程師結婚，離開神經科學領域、去讀法學院，相信自己可以從容面對人生的改變。他的人生似乎是由改變所定義的——往好的方向；可是，不斷的改變也使得這個年輕人掉入一個迴圈。他在二〇〇九年金融危機之際從法學院畢業，背負二十五萬美元的學貸。當時沒有什麼工作，所以他找了一份金融業工作以支付帳單，這不是他預期的生涯發展。他討厭金融，因此不斷換工作，從醫療衛生、顧問、新創、產品管理到人資，始終不滿意。

當兩個月大的女兒被診斷出罹患癌症，尤里的人生戛然而止。「我停下來想著：『我在做什麼？』我把自己消磨殆盡，婚姻遇上瓶頸、小孩罹癌。我必須停止爲改變而改變，開始轉爲主動。我必須去除雜念，直視重要的事。」

尤里自以爲他「很會」改變，實際上，他是利用不斷改變來驅動生活，而不願慢下來思考自己與家庭需要什麼。尤里並不是有意識地做出選擇——改變是他對不安做出的反應。他決定掌握控制權，選擇他想要的人生，而不是把改變當成拐杖。

當時，他們一家住在紐約；他們決定將健康與安全擺在第一順位，搬去以色列。他覺得在那裡會更安全，更能負擔生活，也更放鬆。「我知道改變來了，所以我們想說：『何不順應趨勢？我們主動出擊，而不是等它找上門。』」尤里說。他不再頻頻換工作，而是開始做他喜歡並擅長的事——說故事，激勵人們。他的書《做你自己的總司令》（暫譯，*Be Your Own Commander in Chief*），便是分享他在混亂世界活出有意義人生的新體會。

現在，尤里是人資人才系統（HR, Talent & Systems）公司的執行長、獲獎的人資長，以及頂尖領導力教練。他汲取自身經驗以及從中獲得的智慧，建立起一個爲《財星》五百大企業與科技新創公司提供企業學習與發展計畫的平臺，協助千禧世代及Z世代找尋人生方向。

「你的人生目的不是要獲獎，而是找尋眞理。我學到，找尋眞理意味著不僅要接受改變，還要愼重地導引改變。想淸楚自己是誰，擅長些什麼，然後將人生的改變導引到那個重點。」尤里說。他很快便明白，如果你認眞擁抱改變，你也必須擁抱失敗。「不過，失敗只是一種重複嘗試的過程而已，」尤里說。有時我們可以將人生中的改變視爲失敗，比如被裁員、關係結束、失去機會；但誠如尤里所說：「把握人生中意外、失望與計畫之外的事件，利用它們將你的人生導引到你希望的方向。」接受那些改變，把改變導引到新事物，然後在這個過程中追求眞理與成長。

這些故事的核心都是在艱辛困境之中，衝破抗拒、接受改變，並體驗喜悅與意義。我們都對改變感到不適，但它不一定要成為痛苦之事。事實上，如果我們有意圖、有意識地應對人生中的改變，或許會找到意料之外的成長機會。有些人甚至會說，我們人生裡最重要的時刻也是最辛苦的時刻，戰勝的方法則是去創造意義來幫助我們前進。因此，我們必須保持開放的心胸，願意迎接發生之事。

原則：在改變當中找尋機會

行動步驟：

想想你目前面對的某個需改變的情況，不論外在或內在。然後進行下列練習：

- **承認你的抗拒感。**因為你的抗拒，讓改變更加痛苦。你是如何抗拒必要的改變？抗拒是以何種形式顯現——在你的心態、想法、感受或行動中？
- **迎合不可避免的事（接受你無法改變的事）。**想想這個情況當中不可避免的事。什麼是必然會發生的，無論你多麼希望它不要發生？什麼因素是你無能為力的？你必須接受什麼事，才能前進？
- **選擇行動，做你所能做的事。**在你接受不可避免的事之後，思考你可以做些什麼。即便你接受了發生的事，還是有一些行動是你可以做的，俾以創造最佳結果。寫下你可以採取的行動，擬定計畫，立即開始實施。

6 拋開後悔再前進

今日彌足珍貴，不該被憂慮與後悔酸蝕。抬頭挺胸，讓想法發光，好似春天陽光下飛濺的山間小溪。把握今日，因為它永不再來。

——戴爾．卡內基

艾莉．洛夫（Ally Love）的母親是黑人，父親是白人，而當時的美國文化並不接受跨種族的婚姻。

從小，她的節慶都拆成兩半，早上和爸爸的父母度過，下午和媽媽的父母度過。她直到大約十歲以前，都不覺得這有什麼奇怪的。某年耶誕節，艾莉和家人開車到爸爸那邊的祖父母家，她的媽媽留在駕駛座，而她和姊妹還有爸爸下車，向媽媽說再見。他們每年都是這樣做的，每個節日都是這樣。

但是那一天，艾莉覺得很不對勁。她說：「我心裡覺得很痛，因爲我媽媽開車前往她自己的家，而我們的祖父母就站在門口，張開雙臂、面帶微笑地迎接我們。」她以前從來沒有質疑過節慶必須分開度過的這個事實。她說：「這件事突然讓我覺得很奇怪，我的父母在一起、結了婚，卻沒有一起過節，簡直就像是某種破碎的家庭，我無法理解爲何要這樣、這代表什麼意義。」

艾莉的母親開車前去自己的家庭，雖然這一天稍晚艾莉也會去和外公、外婆見面，但她卻爲母親現在不能和她們待在一起而感到心痛。「我並沒有因爲媽媽不跟我們一起進來而生媽媽的氣；我也沒有因爲祖父母不邀請媽媽進來而生祖父母的氣。在那個無法理解事情脈絡的年紀，我就是因爲祖父母和媽媽無法一起過節而感到很心痛又惱怒。」

當時艾莉並不知道，其實她的祖父不同意爸爸和黑人女性結婚；媽媽一次也沒有進過爸爸的家門。

祖父在艾莉念大學時過世，這讓艾莉的人生留下了第一個重大的後悔。她說：「很少有事情會讓我感到後悔，但這件事卻很嚴重。我後悔自己沒有花時間去詢問他的立場、去詢問他爲什麼這樣想、去蒐集不同的想法並保持好奇心。我的後悔就是當我對這件事情感到不舒服時，卻沒有保持足夠的好奇心去問這些問題。雖然我信任我的父母和祖父母，也感覺他們給了我和姊妹非常多的愛，但我一直沒有機會問他們：『爲什麼要用這樣的方式對待我媽媽？』」她後悔自己再也沒有機會去教導祖父、了解祖父的想法，或者，和祖父分享她在美國身爲一名跨種族黑人女性所得到的經驗。

雖然不能讓時光倒流，但這份後悔卻改變了艾莉對親戚關係的看法，讓她擁有勇氣向家庭成員提起難以開口的話題。她變得能夠勇敢地、開放地說出自己的觀點，同時也嘗試理解親戚的看法，即使她並不同意那些看法。她說：「我們家族最終可以團聚了。我的祖母還活著，她是我生活的一部分。如今，在這個年紀，我們作爲一個家庭更加完整了，而且我們是一起成長的。因爲這份成長、這份勇敢，還有他們願意傾聽、進步、改變、團結成爲一個家庭，讓我對爸爸和我的家庭感到很驕傲。」

所有人都會犯錯，有時也會感到後悔，或是伴隨著後悔的愧疚、羞恥，這些都會阻止我們繼續前進。雖然後悔、羞恥、愧疚分別是不同的情緒，但它們都會影響我們如何面對並擺脫自己無可避免地犯錯的時刻。

當我們在工作上犯了小錯誤，或者在某個情況下做出錯誤的決定、導致了我們不滿意的結果時，也許就會感到後悔。可能是小小的後悔，例如後悔剛才吃太多。或者，對某些重大事件感到後悔，例如說出不經思慮或惡意的話，傷害到某個你愛的人。後悔有各種不同的形態和程度，但核心內涵都是你做了或沒做某件事，造成了某種你不希望發生的影響。後悔可能帶來壓迫，成爲阻擋你前往自己理想生活的高牆，吞噬你的自信，讓你不斷感受到巨大的壓力。只要解決了過往的後悔，就能更加輕易地掌舵自己的想法和情緒。

作家丹尼爾・品克（Dan Pink）進行了「世界後悔調查」（World Regret Survey），蒐集來自一百零五個國家的一萬七千名受試者的資料。他在自己的著作《後悔的力量》（*The Power of Regret*）中寫道，進行研究之後，他認爲後悔是最被誤解、最扭曲的一種情緒。研究結果顯示，在後悔的表面原因（後悔沒有開口約那個人出去、後悔沒有把握機會創業等）之下，隱藏著品克所謂的核心遺憾（core regrets）。核心遺憾可以分爲四種類型：

- **根基遺憾（Foundation Regrets）**：這種後悔的重點是關於為人生打下適當的基礎。你可能會遺憾沒有去上學，或後悔沒有為了退休而存款。
- **勇氣遺憾（Boldness Regrets）**：這種後悔的重點是關於你沒有去做的那些事，例如沒有把握機會創業，或者沒有開口邀請自己真心喜歡的對象出去約會。
- **道德遺憾（Moral Regrets）**：你覺得自己沒有把握機會做正確的事，或者你有所行動，但卻做了錯誤的事。
- **人際遺憾（Connection Regrets）**：對一段破裂的關係感到後悔，或者因為你沒有投入足夠的心力，導致一段關係結束。

品克寫道：「這四種遺憾是美好生活的負片。只要知道一個人最後悔的是什麼，就可以知道他最重視的是什麼。所以，後悔這種負面情緒會讓我們感受到人生之所以值得活下去的理由。」[1]

後悔所能帶來的好處，可能超過我們的想像。雖然後悔和其他伴隨而來的情緒會讓人感到不愉快，且大多數人都希望能避免產生這種感覺，但它可以提醒我們，自己做了某些需要彌補、修正、或者永遠不該再做的事。這些情緒告訴我們，應該去彌補自己做出的行爲、去道歉，或者去做能讓我們朝理想方向前進的行動。後悔和愧疚能幫助我們未來不要再做出一樣的舉動，以避免再度產生這種感受。

看一看前面所列出的核心遺憾。你注意到什麼？仔細想想，我們因爲自己沒有做某件事而導致的遺憾，數量顯然遠多於我們做了某件事而導致的後悔。比起做了某件事，我們更有可能因爲沒有做某件事而覺得遺憾。

我們必須用面對其他情緒的相同方式來面對後悔。如同我們不應該壓抑或忽略任何一種情緒一樣，我們也不該否認自己的後悔。「不後悔」哲學就跟「沒有情緒」理論一樣，毫無意義且不切實際。問題不是我們應不應該感到後悔，而是在後悔出現時該怎麼做。

當你想到那些讓你感到愧疚或後悔的情況，請做這個練習：重新檢視情況，徹底理解它。看著下頁這張象限圖來思考：

1. 我做出的行動或我沒做的行動，所造成的影響是重大還是輕微的？
2. 是否可以彌補？

我和麥可會用這張簡單的象限圖作爲工具來處理後悔。從左到右的X軸，代表了重要性。我們必須問自己，現在感到後悔的這件事是非常嚴重（屬於右側）還是不太嚴重（屬於左側）。Y軸表示的是，我們感到後悔的這件事是可以彌補（屬於上方）或是不能彌補（屬於下方）。利用這張圖表來考慮這件事是重大但可彌補、輕微且可彌補、重大且不能彌補、輕微但不能彌補。先確認事件或情況落在哪一個象限，再來決定該怎麼做。

一旦決定了事情屬於哪個象限，就能決定該怎麼做，並採取行動。也許我們可以做某些事來彌補或改善情況，那就不該

後悔的框架

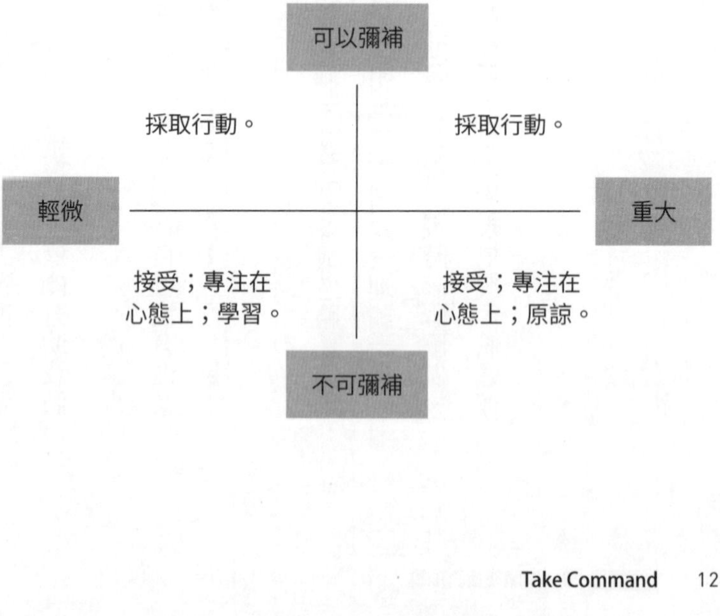

浪費時間，得趕快去做。在我們做了能做的事情之後，就要反思自己從這次的情況中學到什麼，才不會重蹈覆轍。我們可以做哪些事情，確保自己不會再度犯下同樣的錯誤？最後，利用第三章〈面對你的情緒〉的內容來處理仍然殘留的情緒，例如悲傷、愧疚、羞恥等。

舉例來說，某次我和一位同事在講電話，當時我很急躁、沒有耐心，於是就用一種我不希望別人這樣對待我的方式和他說話。在講電話的當下，這件事看起來並沒有造成什麼影響，但是當我掛斷電話後，我感到很後悔，並花了一點時間思考剛才的對話。我進行了上述的練習，明白雖然這是件小事，但我可以做點什麼來彌補。反思過後，我打給那位同事，跟他說我很後悔那一天我對他說話的方式。那不是真正的我，也不符合我處世的原則，所以我向他道歉。他說我其實不需要跟他道歉，但我相信他一定有感受到我的心意。這件事很輕微且可以彌補，所以我很快就拋下這件事了。

另一方面，我們也會遇到輕微但無法彌補的事，雖然影響不大，然而我們還是會反覆想著它。重點在於能做什麼。王溫蒂（Wendy Wang）剛剛開始她的第一份全職工作時，必須透過視訊會議帶領一群外部參加者，進行一項專案啟動課程。主管讓她自己準備這個會議，雖然這份信任讓人高興，但溫蒂沒有計畫表或標準作業流程可以參考。更麻煩的是，她的客戶要求使用有別於以往的另一種視訊會議軟體，這讓溫蒂更加措手不及。溫蒂盡了很大的努力，事先測試軟體、熟悉一切，但還是沒有幫助。課程簡直一團亂，網路一直斷線、軟體不斷跳出，和她一起帶領的同事也遇到了自己的技術問題。這一連串意外，導致她在報告時犯了很大的錯誤。溫蒂沒有備用計畫可以補救這個訓練課程，參加者也感到非常失望。這是她第一次帶領這樣的團隊，對於這個結果她感到非常丟臉和後悔。

雖然溫蒂不能讓時間倒流、重新進行一次課程，但她可以從這次的經驗中學習，並改變未來她準備報告的方式。她花時間做了一份標準作業流程和計畫表，以供下次的訓練課程使用。接著，她確保自己學會如何解決可能在會議當下出現的技術問題。到了下一次的課程，她覺得自己百分之百準備好了。她的後悔有了回報，因爲她已經從中學習，並提升下一次的表現。

重大但可彌補的後悔，也許有時候並不會以我們所期望的方式被修復。羅恩．卡特（Ron Carter）研發出視訊監控門鈴的直播技術，改變了我們的家用保全系統。我邀請羅恩來我的 Podcast 節目受訪，他向我分享了他最重大的後悔，以及如何從那個情況當中走出來。他說：「在二〇〇三、二〇〇四年，我們根本不具備影像直播的技術。當時一切都是封閉迴路，影像內容不是透過天線就是透過線路傳輸。」當羅恩的母親經歷了兩次髖關節手術、無法去開門時，羅恩想到要將黑莓機和 Panasonic 錄影機連接起來，好讓母親可以看見按門鈴的人是誰，以決定是否要開門。羅恩回想道：「這花了我一天半的時間，但我成功了。」他花費了數年時間和畢生的積蓄，研發出直播技術；我們如今用的許多器材都是使用他的直播技術。他說：「我之所以能取得這項技術的專利，有一個原因是我比其他人超前太多了。」

羅恩看見了巨大的商業機會，找了一位事業夥伴來將自己的發明商業化。羅恩說：「他是一個非常、非常聰明的人，我徹底相信了他。那是我的錯，我沒有料到他會毀了我。經過一連串的操作，他掌控了這份事業，然後把我踢出去。我徹底被擊倒了。我信任他，他卻把我的一切都奪走。我失去了我的公司，而且基本上破產了。我完全沒有預料到會這樣。」這次的背叛侵蝕了羅恩，讓他痛苦了數個月，也影響了他往後的人生中對別人的信任。羅恩覺得自己無能為力，無法做出任何改變，也毫無選擇。

由於羅恩所有的儲蓄都消耗殆盡，於是他開始做優比速（UPS）的貨運司機，以便維持生活。就是在這個時候，羅恩發現電商正在蓬勃發展——隨之發展的還有小偷，盜取別人家門前還沒領取的貨物。「我做了研究之後，發現電商是一項五兆美元的產業，所以我就想到，可以開發一種由人工智慧控制無人機的保全產品，用來保護送到家中的貨物，預防小偷。」經過了數年的研發，現在羅恩擁有一項新技術的專利，很快就要推出，並且蓄勢待發地要打進家用保全系統產業——比起傳統視訊監控門鈴，人工智慧會是一項重大的升級。不過，羅恩是如何克服自己曾經相信事業夥伴的這種後悔，並繼續前進呢？羅恩說，必須要接受和行動。「我後來相信，特別是透過我的信仰——我曾經罹癌，所以信仰對我格外重要——我第一項事業的時間點不對。我相信上帝為我保留了更棒的東西，所以我保持開闊的心胸，接受了比我的第一間公司更好的東西。除此之外，我知道我必須放下過去發生的事，因為那簡直要了我的命。」

你可以想像發生了某件讓你失去一切的事情，被某個信任的對象背叛所體驗到的絕望嗎？羅恩可以停留在後悔、憤怒、悲傷當中，但他的信仰和心態幫助他走出這次的經驗，日復一日逐漸前進，並原諒自己。

最後，我們來看重大且不可修復的情況。麥可對他母親蘿絲瑪莉（Rosemary）的過世感到很後悔。某次他們一起參加一場會議，蘿絲瑪莉突然病倒了，她被緊急送往醫院，診斷出子宮及卵巢癌。她立刻就開始接受治療，每週都要前往醫院。

麥可說：「有很長一段時間，這讓人感覺很不眞實。我認爲我無法接受這個事實，而且這是一種很糟糕的癌症。我一直試圖爲整個情況找出一個簡單的解決辦法，但就是沒有。」同一時間，麥可在事業方面每週平均工作超過九十五個小時；在母親接受治療的初期階段，他把時間都花在工作上，而不是陪伴母親。蘿絲瑪莉住在紐約，麥可住在加州，所以麥可每個月只會去探望她一次，停留個幾天。他一直告訴自己，母親會沒事的。

被診斷出癌症後，過了四個月，蘿絲瑪莉接受了自己的癌症已到末期，決定停止治療。這個決定讓麥可大爲震撼，他很難接受。他對情況感到憤怒，且仍然無法從工作當中抽身。當母親和其他家庭成員前往歐洲進行人生最後一趟旅行時，麥可還是用和平常一樣的方式過生活。

到了某個時候，麥可終於擺脫了他對事實的否定。當他接受了母親的生命即將走到盡頭，便開始後悔之前損失了那些可以陪伴母親的時光。這是一項很重大的後悔，而且逝去的時光也無法彌補，但麥可決定前進，陪伴母親走完剩餘的人生。麥可說：「我陪伴她度過人生最後的幾個星期，這非常珍貴。五年來，我都沒有中斷工作這麼長一段時間，更不要說一次離開這麼久。我看著她活在每一個當下。她對別人非常善良、溫柔，講每通電話或每次有人來拜訪時，她總是非常有活力。她從來不抱怨。在她過世時，我握著她的手，我很高興自己在現場。她是一個典範，告訴我們什麼才是善終。」

麥可大可沉浸在後悔之中，不停責怪自己，但是這麼做可能讓他分心，無法好好陪伴母親最後幾週的時光。他接受了自己必須專注於當下，最終也原諒了自己，這才能夠待在母親身旁。

有時候，我們就是必須向事實投降。我想到了〈寧靜禱文〉（Serenity Prayer），它幫助了無數人走出人生中讓人感到無力的痛苦事件：「神啊，請賜我寧靜，去接受我無法改變的事；賜我勇氣，去改變我能改變的事；賜我智慧，以分辨兩者的不同。」就像我們在上一章提過的，並不是要你心懷怨念地接受事實；擁抱並接受自己過去所犯的錯，意思是從中學習、勇敢前進。困在後悔、愧疚、羞恥當中，並不會有任何幫助。

這時候我們的看法就變得非常重要了，我們所學的如何面對想法和情緒的技巧都會派上用場。我傾向於相信事情會有最好的結果，這樣的想法可以幫助我擺脫艱難的情境，即使我眞心希望自己能做出不一樣的選擇。雖然我無法修復錯誤，但仍然可以問自己：現在還有什麼能做的？該如何改善情況？

原諒自己和他人，可能比聽起來還要更困難。大多數人都很難做到原諒，無論是原諒自己還是原諒別人。在卡內基的 Podcast 節目「掌舵」（*Take Command*）的採訪當中，《放手去活》（*The Earned Life*）的作者馬歇・葛史密斯（Marshall Goldsmith）向我分享了「無常」的概念。他很喜歡釋迦牟尼的教誨：「每一次的呼吸，都是全新的我。」馬歇告訴我，我們永遠可以在每一次呼吸之後重新來過；每一個新的瞬間，我們都擁有重新開始的機會。他說：「這種想法的健康之處在於，首先，你會更容易原諒自己過去的錯誤，因爲你可以視爲是過去的自己所犯下的錯。」換句話說，讓你自己和你有做或沒做的行爲之間產生一些距離。那些行爲並不是要將你定義成一個壞人，反而是做出貢獻，造就了更好的你。他說：「這種心態的另一個好處是，可以防止你活在過去。」我們最不應該做的，就是讓後悔或愧疚阻止我們擺脫過去無可避免犯下的錯誤。

掌舵

TAKE COMMAND

要掌握人生，就一定要學會擺脫後悔並前進。現在就開始練習。雖然我們無法改變過去，但只要下定決心，就可以將未來塑造成我們想要的樣子。

原則：面對你的後悔，做出改正，然後前進

行動步驟：

想一想某個讓你感到後悔的情況。將以下問題的答案寫下來：

- **重新檢視情況，徹底理解它。**發生了什麼事？要注意，你必須將真實發生的事情（亦即事件本身），和你對它的感受區分開來。
- **使用後悔的象限圖。**

▼我做出的行動或我沒做的行動，所造成的影響是重大還是輕微的？想一想

參與其中的所有人受到什麼影響。你的行動對別人造成什麼影響？別人對你造成什麼影響？

▼是否可以彌補？有沒有任何你能做的事是可以改善這個情況的？即使很微小也算。如果沒有的話，就讓自己誠實面對這個事實。

- **決定可以採取哪些行動，並實際去做。**永遠都有某些事可以做——道歉、修復，或者單純只是原諒自己。決定你可以做什麼來排解這個狀況，然後實際去做。
- **想想自己從這個情況中學到了什麼，以防止同樣的情況再度發生。**在修復工作完成之後，反思一下自己從這個情況當中學到什麼。該怎麼做才能防止它再次發生？在你有了新的體悟之後，有什麼行為或心態是你必須改變的？
- **原諒自己，並面對後悔所帶來的情緒。**運用第三章〈面對你的情緒〉裡的情緒框架，處理這次的經驗殘留下來的情緒。

7 處理壓力

我們的痛苦通常不是來自工作，而是來自擔憂、挫折和怨恨。

——戴爾·卡內基

「這是什麼鬼？」我指著脖子和左肩上方那些疼痛難忍的皮疹，詢問我的皮膚科醫師。

「你可能得了帶狀皰疹，」她說。

「什麼？帶狀皰疹？這怎麼可能？我以爲只有老年人會得帶狀皰疹。我又沒有那麼老。」

「這個嘛，」她說，「比較年輕的人也可能會得帶狀皰疹。你最近是不是壓力很大呢？」

這個問題讓我很震撼。過去十二週來，我去了臺灣臺北、巴西里約熱內盧、希臘雅典，還有美國的南卡羅萊納、密西根、伊利諾斯、華盛頓、奧勒岡、北卡羅萊納、密蘇里。大多數都是去開會和做簡報的，有些令人壓力很大，有些地方則是必須面對一到十二個小時的時差。幾乎不可能規律運動。幾乎每一餐都是外食，而且我發現自己早晨和傍晚會依靠能量飲料來克服飢餓所帶來的痛苦。我給自己很大的壓力，要在所有會議上都拿出最好的表現，同時也試著要做最棒的丈夫和最棒的父親——但如果要對自己誠實，說實話，我完全消耗殆盡了。

「沒錯，過去這幾個月，我給自己很大的壓力。我也知道壓力可能會造成心臟或身體的其他問題，但是，帶狀皰疹？我以爲帶狀皰疹是病毒造成的。爲什麼壓力會造成病毒的出現呢？」我問道。

「帶狀皰疹確實是由病毒造成的，但壓力會讓你的免疫系統變弱，因此你很容易就會被病毒感染，或者讓原本就在你身體裡休眠的病毒重新開始活動。」

這對我是一記當頭棒喝。雖然我只有四十九歲（而且我一直說服自己，四十九歲就是全新的二十九歲），但也必須承認我確實給自己施加了很大的壓力——不只是出差工作所帶來的身體疲勞，還有我因爲對自己的高度要求、害怕犯錯或丟臉、在意人們所說的話而造成的自我精神壓力。任何一種情緒壓力，都有可能引起像帶狀皰疹這樣的身體反應，這表示我需要想辦法更加妥善地處理壓力——我必須放過自己。在休假期間，我從電子郵件、工作和其他責任當中抽離出來，下定決心要更加注意我的壓力；在我繼續前進時，如果壓力程度超標，就要慢下來。我做得還不錯，但仍須持續努力。

所有人都可能面臨充滿壓力的環境，對身體健康、人際關係、日常生活帶來負面影響。要掌控自己的壓力，就必須在它開始對我們或別人造成傷害之前找出它、解決它。你可能會覺得「說比做容易多了」，你是對的；有時候壓力會讓人感覺排山倒海，看起來幾乎不可能掙脫。雖然有時候看起來是這樣，但我們在前幾章之所以要做那些練習，就是爲了創造一種感覺：感覺自己擁有自主權和能力，能夠學會如何處理自我、處理所面臨的挑戰。目前爲止，我們已經努力地練習選擇正確的想法、處理情緒、培養心態和自信、擁抱改變、擺脫後悔並前進；我們獲得的所有工具，都與處理壓力的能力有直接的關聯。要記得，我們永遠都有所選擇。在充滿壓力的環境中，最重要的就是選擇對的想法和情緒。這就是本章的重點——學習如何在壓力影響我們之前，先去處理它。

＊什麼是壓力？

壓力是人類的正常反應，是對於內在事件（比如想法和回憶）或通常稱爲「壓力源」的外在事件，所做出的回應。刺激可能來自內在或外在，也可能會讓我們變得情緒化。壓力可能感覺起來像是一種負面情緒，但它其實是一種生理反應。我們在面對挑戰或威脅的時候，就應該要感覺到壓力，因爲這能幫助我們適應新環境，並讓我們維持動力、保持警戒。[1]當我們感到有壓力的時候，可能會覺得心跳加快、呼吸變喘、掌心出汗，或是無法清晰地思考。所有人都會產生這些戰鬥或逃跑反應。

壓力源可能會以各種方式、各種程度出現。失業、搬家、失去摯愛、分手，都有可能成爲嚴重的壓力源；在職場溝通不良、待辦事項過多、上學遲到，則有可能成爲輕微的壓力源。

☺ 壓力vs.焦慮

繼續往下之前，我們先來區分壓力和焦慮的差別，這兩個詞我們時常會互換使用。雖然對於壓力、焦慮以及其運作原理，我們仍在持續研究當中，但根據目前所知的資訊，已足夠區分這兩者之間的差別。

我們會因為持續不斷、不切實際或誇大化的擔憂而感到焦慮，即使壓力源已經消失了。我們對真實發生的事情感到壓力（例如等待發薪日的到來，才能繳帳單），而焦慮則是我們將這些真實事件誇大化（即使帳單已經繳了，我們仍然擔心無法讓收支平衡、擔心「永遠不會有足夠的錢」）。焦慮可能感覺像是威脅或恐懼一樣，儘管實際狀況不會對我們產生真正的威脅。在壓力事件過去之後，焦慮還是有可能持續下去。如果焦慮嚴重到一個程度，可能就會發展成疾病（必須說清楚，本章的後續內容討論的都是一般的壓力和焦慮，而不是焦慮症，那是更加嚴重且需要醫療幫助才能解決的。焦慮症是極度的痛苦，並非一般的壓力）。你可能將錯誤（或者你認為錯誤的事物）過度誇大化，因而感到焦慮。

壓力通常是短期的，而焦慮可能揮之不去。壓力是對於可辨認的威脅所產生的反應，而焦慮可能沒有明顯的觸發點。[2]

☺ 壓力是如何出現的

每個人對壓力的反應都不相同。我可能會因爲必須準時抵達某個地點而感到壓力很大，但是你可能就不會因此產生壓力。也許想到要演講，就會讓你感到壓力很大，但對某些人來說，這就只是一件要做的事。假如你實在太害怕把演講搞砸，導致晚上睡不著，甚至在演講結束後依然覺得緊張，那麼你感受到的就有可能是焦慮。

重要的是去了解到底什麼事情會讓我們有壓力，並在它變成慢性壓力之前，找到方法處理它。想一想自己經歷過的巨大壓力。那是什麼感覺？你的壓力程度對生活產生了什麼影響？在你回想這些經驗時，你可能會注意到，有時候壓力是有幫助的。就像每一個在繳交期限即將到來、才要開始寫論文的學生，一點點的壓力可以幫助他們把事情做完。我們先來了解一般壓力和慢性壓力的差別。

☺ 一般壓力

其實我們需要一點點壓力才能運作。「良性」壓力通常是好的，這個字的意思就是「好的」壓力。在我們學習新事物，或者挑戰一些距離自己原本的舒適圈很遠、但又沒有困難到讓我們覺得不可能成功的事物時，便可能體會到良性壓力。[3]

提姆．萊利（Tim Reilly）剛剛就任某政府機關的律師不久，等等就要和同事瑞秋一起負責進行某個案件的調解。他們站在門外，裡面是某個民權案的正反雙方，在等待他們開始調解。瑞秋看著提姆說：「有時候，在開始之前我會覺得很緊張，萬一出了什麼差錯，或者我們無法讓他們取得共識，那該怎麼辦？」提姆回答：「我每次都會感到緊張……但與其因爲緊張而產生壓力，不如視之爲一個訊號，代表我很重視這件事。」提姆將自己的情緒重新塑造成「重視」的表現（而不是壓力的訊號），並勇於面對挑戰。提姆能發現自己的感受，並加以善用，這讓他不只可以避免擔憂所帶來的負面影響，還能提升表現。適當的壓力可以幫助我們表現得更好，並達成目標。

☺ 慢性壓力

如果我們對壓力的反應，導致我們持續處於焦慮的狀態，或讓我們長期心神不寧，那麼壓力就成了一個問題。慢性壓力會導致我們一直無法放鬆，且壓力從不減弱。要是我們長期處於壓力之下，身體和心靈就沒有時間可以修復。想想我們的免疫系統，它需要接觸外在的細菌才能維持強健，這就像是良性壓力一樣。然而，即使是健康的免疫系統，假如持續遭受到它沒有準備好要面對的細菌攻擊，還是會被大肆破壞。我們的身體可以面對少量的壓力，但如果是長期、慢性的壓力，則會對免疫系統造成嚴重破壞，使心率和血壓提高，更容易被感染，增加糖尿病的風險，造成脫髮、頭痛、消化問題，或甚至長出帶狀皰疹。這就是爲什麼處理壓力是如此重要的一件事；如果我們無法做到，就可能面臨長期影響。[4]

☺ 如何重塑壓力

一項有趣的研究針對美國三萬名成人進行了爲期八年的追蹤。受試者要回答「你過去這一年經歷的壓力有多大」的問題，還要說明他們認爲自己所經歷的壓力對健康是否有害。在研究當中，研究者調查公共死亡紀錄，以判斷死於壓力的人。不幸的是，那些表示自己壓力很大的人，死亡風險增加了百分之四十三。不過，好消息是，這只包含那些認爲壓力對自身健康有害的人。那些不認爲壓力有害的人，死亡風險不會更高，反而還比研究中的其他群體更低——比認爲自己壓力不大的人還低。研究結果顯示，我們如何看待壓力及其所帶來的影響，可能會對我們造成和壓力本身一樣大或更大的影響。[5]

另一項由哈佛大學進行的研究，則是針對那些認爲壓力對自己有所幫助的人，就像前面故事裡的提姆．萊利一樣。受試者被交代，將心跳加快、呼吸加速視爲在進行準備時會出現的單純徵兆。受過訓練、認爲壓力能爲自身整體表現帶來益處的人們，感到更有自信、壓力較小，也較不焦慮了。[6]

史丹佛大學健康心理學家暨講師凱莉．麥高尼格（Kelly McGonigal）博士表示：「當你選擇認定壓力反應是有幫助的，就會創造出擁有勇氣的身體環境。如果你面臨壓力時，選擇與他人聯繫，就會創造出韌性……當你選擇以這樣的方式看待壓力，除了能夠改善壓力，其實還顯現出一件很有意義的事，那就是你信任自己能夠面對人生中的挑戰。」[7]

＊舒緩壓力的簡單工具：解決問題的技巧

當你壓力很大的時候，你有多常覺得自己可以針對問題去做點什麼？與問題本身相比，我們面對問題的方式，通常會是更大的壓力來源。壓力和焦慮最容易被注意到的特點，就是會讓我們感覺自己無法掌控任何事。如果我們對事情的結果感到害怕，可能就會想要逃避做決定，這會讓焦慮的感覺更加惡化。假如我們不確定該怎麼做，可能會花費太多時間去思考，卻沒有足夠的時間做出行動。這會導致一種惡性循環。造成問題的不只是壓力來源本身，還有你認為自己束手無策的這種想法。

我們在前文中已經討論過心態的力量，這也包含我們對於自己的情緒體驗所抱持的想法。壓力大的時候，產生情緒是很正常的，只不過有些人比別人更加情緒化一點。但是，我們不應該陷入情緒之中——處理壓力的關鍵，就是無論感受到什麼情緒，都知道該如何思考問題及行動。我們絕對不是無能為力的，即使在那個當下可能會有這種感覺。

卡內基在《卡內基快樂學：如何停止憂慮重新生活》中所強調的一項重要工具，就是「解決問題的技巧」，我和麥可一直以來也都是用這個方法面對壓力。這個方法可以幫助我們找到壓力的根源。當你感到壓力的時候，將下列問題寫下來，並自行回答：

1. **問題到底是什麼？**這時候真的要勇於質疑自己，因為有時候我們認為是「問題」的那件事，其實並不是真正的問題。在你接受腦中冒出來的第一個想法之前，先確定你已經找出真正的問題所在。
2. **造成問題的原因是什麼？**你可能會列出很多原因，然而，無論「原因」的數量多寡，都要盡你最大的努力來概述，並將它們排序。
3. **可能的解決方法有哪些？**可以自由地進行腦力激盪，但一樣要勇於挑戰自己，找出最有潛力的解決方案。
4. **可能的最佳解決方案是什麼？**現在必須專注。選擇最佳解決方案，而且，現在立刻就去做至少一件你能做的事情，以便朝向那個解決方案前進。行動就是關鍵，因為去做某件事正是減輕焦慮的關鍵要素。

艾哈邁德．卡邁勒（Ahmed Kamal）是一個很好的典範，他會應用「解決問題的技巧」來理解並處理自己的壓力。艾哈邁德和家人住在埃及的亞歷山大港，任職於自家物業的住宅管理委員會。這份工作讓他感到異常的壓力。作爲管委，他要管理超過五百戶，也就是說，會有數百人來抱怨水管漏水、鄰居噪音、廁所堵塞、設備故障。除此之外，他還有一份銷售產業的全職工作。某天，房客們用來彼此溝通的WhatsApp群組，冒出一大串憤怒的訊息，讓艾哈邁德感到不堪負荷。身爲管委的壓力影響到他的睡眠，讓他經常沒有得到充足的休息。不知不覺中，艾哈邁德把自己的壓力帶回家中。他的妻子告訴他，他的壓力已經影響到她和兩個女兒。他並不希望家人被迫負擔自己的情緒，所以他知道自己必須做出改變，而他決定從「解決問題的技巧」開始。

首先，他問自己：「問題是什麼？」這對他來說很簡單——管委的工作讓他不勝負荷，明顯影響到他的睡眠、健康和家庭。如果不做點什麼，一切便會變得更糟，他根本不願去想像。

再來，他思考了問題的根源。其中一件事，是那個 WhatsApp 群組裡總是充滿負能量、攻擊性的言語與批評，每次他在群組中與人對話，接下來的幾個小時，心情都會很糟糕。他也想到自己和管委同事們的互動，他期望同事能做得更多。他覺得所有的工作都是自己在做，其他人應該要有更多貢獻。他將這兩件事總結爲最大的壓力來源。

接著，艾哈邁德列出一長串可能的解決方案，最終選出三項「最佳解」。首先，他退出了那個 WhatsApp 群組。爲人們一對一服務時，他會盡力幫忙解決問題，但他拒絕再參加那個充滿辱罵、惡言相向的群組。再來，他決定放棄所有對他人的期待，只專注在自己分內的工作上。最後，艾哈邁德決定，雖然自己對管委這份工作感到很驕傲，但是等到這次任期結束後，他不會再繼續做了。他知道自己無法讓其他同事表現得更謙遜有禮，但他可以讓自己從那個情境中抽離出來，也可以關掉時時提醒他壓力存在的手機通知。艾哈邁德用盡了一切方法來掌控情況。

這些行動瞬間改變了艾哈邁德的心情和觀點。他感覺自己放鬆了，尤其是待在家裡和家人相處時。同時，他也更加留心注意壓力——在壓力剛出現時，便馬上注意到。艾哈邁德說他必須「開啟偵測器」來注意慢性壓力，這樣就能在它造成問題、占據生活之前注意到。以前，他會對自己說「我能應付」；也許他眞的能應付，但是他的家人、他的孩子，卻無法應付。

假如我們無視身體需要休息的警訊，可能就會過勞。過勞不只是因爲長期慢性壓力而產生的心理或情緒反應，研究顯示，過勞可能會傷害到我們的個人及社交功能，影響認知功能和荷爾蒙系統——上述這些都會改變大腦運作的方式。除了對心理和情緒的影響，過勞還可能造成失眠、暈眩、頭痛、心悸、呼吸急促、恐慌發作。[8]

一項近期的蓋洛普（Gallup）研究調查顯示，德國有兩百七十萬名勞工感到過勞。英國一項針對人資主管進行的調查結果顯示，大約有百分之三十的受訪者表示自己的公司裡許多人都有過勞的情況。[9]

涅金・阿茲米（Negin Azimi）曾以非常戲劇性的方式體驗到過勞。涅金出生於伊朗，在三歲時離開伊朗。她的母親移民到瑞典，雖然她們都以爲這樣生活就會比較容易，但經濟狀況還是持續困頓了好幾年。她十四歲時參加了卡內基課程，學習如何在衆人面前演講，並且愛上了這件事。她找不到工作，所以十六歲時就自行開設了顧問公司。她做得非常好，瑞典最大的公司雇用她去演講；他們喜歡邀請不同身分與背景的年輕人來談論人生。她成爲了全球 TEDx 最年輕的策劃人。她因爲在瑞典策劃 TEDx 而獲獎，並持續經營了數年。她也在慈善組織 SOS 兒童村（SOS Children's Villages）擔任了四年的董事會成員。

一切都很美好，直到涅金遇上障礙。十八歲時，她體驗到很嚴重的過勞——她整整兩年都待在床上。她沒有去上完高中的最後一年課，因爲實在病得太重了。

涅金躺在床上的時間很長，她思考著自己爲什麼走到現在這一步。事後看來，她會過勞，一點也不讓人意外。她的身體已經多次提醒她壓力太大、太累了、感覺不舒服，但她沒有聽從身體的警告。涅金覺得這次的經驗是發生在她身上最糟的事，也是最好的事。雖然必須對抗病痛和疲勞，但也讓她學會如何加深身體和心靈的連結。她很期待去達成所有想做的事，但同時她也體會到，如果身體不健康的話，這一切都不重要。涅金所學到最寶貴的一課是「一切事物都如同水一般——萬物時時刻刻都在改變，你必須順流而行，傾聽自己的身體和靈魂。」涅金的力氣緩慢地回復，也逐漸回歸職涯——這一次，她更加注重照顧自己。現在，她將長期壓力視爲過勞的初期警告，如果有需要，就會做出改變。目前涅金在全球領導機構 BCW（Burson Cohn & Wolfe）擔任公關顧問，著有《聰明戰鬥才能做大夢》（暫譯，*Fight Smart and Dream Big*）一書。

＊解決壓力的小祕訣

我們必須主動迎面解決壓力。以下有幾個解決壓力的實際做法，讓我們不至於被壓力擊倒：

- **傾訴**。無論是諮商師、教練導師、合作夥伴、家人、朋友或任何人，我們都需要某個可以信任與傾訴的對象。找某個人訴說，可以幫助我們處理壓力及其他的情緒難題。
- **運動**。上千項研究指出，運動可以幫助我們舒緩緊張和壓力，對我們的整體健康也有益處。我太太凱蒂永遠都能分辨出我是否有去運動；我運動前後根本就判若兩人。運動不一定是去跑十五公里，也可以是走路、騎腳踏車、球類運動、游泳，或是任何一種類型的身體活動。重點是做適合自己的運動。

• **斷線**。你有沒有試過暫時遠離電視、新聞、社群媒體，即使一天也好？如果你有試過的話，感覺怎麼樣？雖然能知道外界發生什麼事是很棒的，但是，接連不斷的壞消息、兩極化的觀點、汙辱性的社群媒體貼文，可能會造成很大的壓力。多年來，我都會進行新聞與社群媒體斷食——也就是一天或數天都不要接觸它們；這會讓我感覺好受很多。試著中斷一天或甚至一整週，看看你會不會感受到差異。

• **呼吸**。呼吸練習對健康最主要的益處是放鬆、紓解壓力、自我覺察。呼吸練習可以幫助我們專注於當下，冷靜下來。舉例來說，四四四呼吸法（box breathing）就是一種練習，從鼻子吸氣數四秒、憋氣四秒、吐氣四秒、再度憋氣四秒。另一種簡單的方法是四七八呼吸法：吸氣四秒、憋氣七秒、吐氣八秒。深呼吸可以穩定我們的心跳，幫助我們減少焦慮。

＊休息

我們在充分的休息之後，都能做出更好的決定。當你看到「休息」這個字時，腦中浮現的是什麼？如果你像大多數人一樣，可能就會想到睡眠。珊卓拉・道爾頓—史密斯

（Saundra Dalton-Smith）博士是一名健康專家、演講者及作者，教導人們關於休息與恢復的知識。根據道爾頓—史密斯博士的說法，我們將休息和睡眠混爲一談，讓自己吃了虧。休息有多種不同的形式，睡眠只是其中一種而已。以下是休息清單：

1. **身體的休息**，這可以是被動的（睡眠或小睡一下），也可以是主動的（瑜伽或按摩等等，可以使身體恢復的活動）。
2. **心理的休息**，在一天之中進行數次短暫的休息，提醒自己稍微慢下來。
3. **感官的休息**，暫時遠離刺眼的光線、螢幕、噪音、對話（包含面對面及網路上的對話）。
4. **創意的休息**，透過大自然或藝術來喚醒心中的驚奇感。
5. **情緒的休息**，擁有時間和空間自由地發洩情緒，而不必討好別人。
6. **社交的休息**，暫時遠離社交，尤其是那些會讓我們感到疲憊的人際關係。
7. **靈性的休息**，善用時間和空間，與生命中更崇高的目的建立連結，而這對於每個人而言可能會有不同的形式。[10]

休息不等於懶惰；它可以增加我們的效率。美國疾病預防與健康促進辦公室（ODPHP）表示，與睡眠不足的人相比，每晚睡眠時間達七小時的成年人，較不容易生病、較容易維持健康的體重、思緒較爲清晰、有更多正面的社交互動行爲、可以做出更好的決策，整體情緒也更加快樂。[11]其他類型的休息也一樣。

麥可十五歲時，曾當起背包客，遊歷歐洲。途中他生病了，病得很重，必須中斷旅行，在法國羅亞爾河谷停下來休息。他已經習慣了年輕旅行者的衝勁，突然中斷旅行，使他非常不愉快。足足四十八小時都做不了任何事，只能休息。這讓麥可第一次明白，原來靜止不動也是可以的，不必每分每秒都要閱讀或是做有生產力的事。這次的經驗改變了麥可對休息的態度，尤其是處於一個重視隨時保持效率的社會。

掌舵

TAKE COMMAND

壓力是不可避免的。雖然大多數人都將壓力視為一種負面的體驗，但其實我們需要壓力來推動我們持續前進。如果沒有良性壓力，我們就無法做到任何事，甚至包含最基本的生活機能，例如進食和洗澡。關鍵是不要讓壓力掌控我們。要記得，壓力所帶來的負面體驗，通常都與擔憂及焦慮有關，而不是我們所面對的問題本身。如果可以努力減少自己對壓力所產生的反應，就能讓壓力為我們帶來效益。

原則：善用壓力為我們帶來效益

行動步驟：

不要陷入問題當中、被拖入情緒的負面漩渦；要善用解決問題的技巧，將答案寫下來。

- **問題是什麼？**將問題的實際情況，與你對問題的想法和情緒區分開來。
- **造成問題的原因是什麼？**尋找根源——是什麼要素導致了這個問題？
- **可能的解決方案有哪些？**寫下每一個可能的解決方案，包含看起來最極端和看起來最普通的。
- **最佳解決方案是哪一種？**考慮到結果，哪一種解決方案可能讓你得到最佳的結果？有沒有哪些解決方案是可以結合在一起的？決定好你認為最有效的解決方案之後，就去實行。
- **培養緩解壓力的方法。**想一想那些能帶給你快樂、幫助你放鬆的活動，將之寫成清單，並努力將清單上至少一項活動融入日常生活當中。這些活動可以是：
  - ▼和信賴的人聊一聊。
  - ▼每天運動。
  - ▼暫時不碰電視和社群媒體。

▼嘗試呼吸練習。
▼休息。

8 培養韌性與勇氣

不行動會孕育懷疑與恐懼；行動會孕育信心與勇氣。

——戴爾・卡內基

許珍妮（Jenny Xu）與家人度假時，在紐約時代廣場接到她職業生涯中最糟的消息。在人群與閃爍廣告看板的環繞下，珍妮感受到手機在震動，她低頭看到她唯一的投資人傳來簡訊。珍妮的工作室正與一家公司合作開發一款社會適能（social fitness）遊戲，她立刻打電話給那名投資人。投資人接起電話便說：「我們需要談一談。妳的項目取消了。費用太高，我們已撤回投資。」就這樣，沒有解釋前因後果，珍妮與團隊一年來設計的遊戲就這樣沒了資金。珍妮站在時代廣場啞口無言，呆若木雞。

珍妮在這個領域經驗豐富——她年僅十六歲便創立了獨立的游戲公司，她開發的手機遊戲合計下載量逾九百二十萬次。取得麻省理工學院電腦科學學位後，她與人共同創立一個電玩工作室，名爲塔洛法遊戲（Talofa Games），獲得數個獎項——這些都是在她二十五歲之前就辦到的。雖然珍妮明白遊戲產業面臨割喉競爭，但從未親身經歷過。這就像是被強迫搬遷——彷彿有人把她的行李打包，叫她離開自己的公寓。接下來的幾天，珍妮獲知投資被撤回跟她無法控制的外部因素大有關係。兩家公司根本不在同一條船上，溝通也有問題。她和她的導師談過後得知，儘管她的投資人突兀且冷酷地終結關係，但這種情況在業界其實很常見。

接下來的那一週，她召集團隊，說明情況不妙。在講到她必須裁掉半數成員時，她情緒激動。那是非常困難的時刻，但珍妮警覺到她必須信任自己。蜷縮起來、無視周遭是更容易的做法，但她找出力量與毅力向前行。

她不知道會出現什麼狀況，所以只思考她知道的事。她才二十三歲，但開發遊戲已近十年。這種認知減輕了失敗感。她知道自己並不孤單，留下來的團隊成員也熱切想要迎接挑戰。她聽到投資人不相信她的願景之後，既疲累又生氣。然而她明白，想要讓她的事業存續下去，她便不能舉手投降。珍妮和她的團隊恢復工作，他們明白遊戲可以超前與投資人合作時設定的時程，珍妮相信他們能辦到。

珍妮是個馬拉松跑者，很熟悉精疲力竭的感受。「我認為運動與體育的毅力可以延續到生活的其他層面。如果我在一場比賽中覺得快要死了，還是會跑完，然後我會恢復，下次變得更強。」她利用這項體悟，挖掘出前進的毅力和維持願景的勇氣。我們寫作本書時，她的團隊正在重建該款遊戲，即將發行。

韌性與勇氣有著緊密關聯。韌性是我們從逆境「彈回來」、從艱苦困境之中得出一些意義的能力。這是一個關鍵話題，特別是現今我們的世界面臨如此多重的挑戰。韌性並不是僵硬地靠蠻力過生活，而是直視逆境，目標是在你所經歷的事情之中成長。

勇氣是一種心理或道德的力量，能夠讓我們承受危險、恐懼或困難。勇敢的人因為性格之故，不會害怕或輕易被恫嚇。提到勇氣時，我們往往想到大英雄，那些我們在網路上或史書中讀到的大無畏者。但是，勇氣不是重大時刻的舉動，而是我們可以培養的日常習慣，是我們必須堅持的事情。

韌性與勇氣都需要力量、敏捷與大膽，也需要我們面對恐懼。韌性與勇氣是我們迄今以來各項努力的集合——選擇正確的想法、面對情緒、處理壓力、接受改變，這些都幫助我們在人生道路上變得更加強壯。

萊恩・哈勒戴（Ryan Holiday）在《論勇氣》（暫譯，*On Courage*）一書中寫道：「懦弱從何而來？害怕。恐懼。你無法打敗你不了解的敵人，而恐懼正是勇氣的敵人，有著各種形式，從恐怖、冷漠、憎恨到藐視。我們正在與恐懼戰鬥。」

那麼，我們如何在艱難或考驗時刻培養勇氣與韌性？

1. 面對你的情緒，選擇振奮的想法。
2. 回顧過去以展望未來。
3. 增強對自己的信心。

首先，我們被情緒與恐懼的想法淹沒時，很難正確評估局勢。我們要花時間用第三章〈面對你的情緒〉的程序來處理情緒，選擇拋開負面想法，轉換成令人振奮的想法。

其次，我們需要回顧，以了解如何前進。想想你之前克服困難情況的時候。那是什麼狀況？有多困難？你有什麼感受？最重要的，你是如何度過——你採取什麼具體行動、用什麼心態去幫助自己度過那個情況？我們都會遇到困難時刻；稍微回想過去的韌性與勇氣，便能明白自己是堅忍的。思索你該如何運用相同的心態或行動來度過眼前的挑戰。

我在新冠疫情初期鼓起勇氣來領導卡內基機構（第一章〈選擇你的想法〉討論過）的其中一個方法，是回顧我過往最艱鉅的一項挑戰。二〇〇一年發生九一一恐怖攻擊時，我擔心我脆弱的新創公司會倒閉。我們的擔心是有理由的。我們才剛推出第一項產品，沒多少營收。在一名關鍵投資人退出之後，我們賴以生存的一輪資金籌措，看起來幾乎不可能達成。若不儘快採取行動，我們將在數週內關門大吉。但是，我們設法撐過了那些日子。藉由不可思議的緊縮預算、神奇的團隊合作以加速推出新產品來增加營收，加上既有投資人的大力支持，我們撐過來了。此外，我也學到，當人們發揮無比的犧牲與決心，便能度過任何關卡。回想那段經歷，讓我在新冠疫情初期獲得激勵、充滿信心。我告訴卡內基機構的股東、董事會和團隊成員，「我們會撐過去的。我們會竭盡全力。失敗不是我們的選項。」我是說真的。我後來相信，以往的經歷讓我準備好在那個時刻領導大家。

最後，做些幫助你肯定自信心的事情。你可以寫下一句肯定自己的話，經常拿出來看。你可以在經歷挑戰時，跟支持你的人聊一聊。你可以想像自己成功度過危險時刻。只要是對你有用的，就去做。提醒自己，你是有力量的，在你感到恐懼、心裡產生不確定時，便依賴這股力量。

恐懼不一定很明顯。我們的恐懼可能以細微方式出現——逃避或抗拒跟某人進行艱難對話、假裝關係或工作狀況沒有問題；它也可能僞裝成拖延或冷淡。逃避只會導致情況惡化，因爲我們拒絕處理。

莉雅・嘉柏利（Lea Gabrielle）在生涯中經歷過許多職業——海軍戰鬥飛行員、祕密情報員、新聞記者、全球參與中心（Global Engagement Center）美國特使暨協調員。她服役時期最重大的時刻，發生在她一再陷入極端險境的時候——她必須勇敢，否則後果不堪設想。莉雅駕駛F/A-18C單人座戰鬥機，在一艘核子動力航空母艦起降。在一次戰鬥部署任務中，她所景仰的資深飛行員——畢業自美國海軍戰鬥機武器學校（Top Gun）的海軍少校羅伯・克路基（Robert E. "Trey" Clukey III），於執行海上夜間訓練任務時，駕駛著F/A-18C戰鬥機墜毀身亡。「我們始終沒找到他，或他的戰鬥機，」莉雅回憶道，「他是了不起的人，了不起的飛行員。」航母中止任務，在海上舉行正式追悼會，以軍禮榮葬海軍少校克路基。「這次的悲劇提醒我們，航母戰鬥機飛行員所做的一切都極其危險，從彈射起飛、訓練、阿富汗戰鬥任務，再到降落航母，」莉雅說。克路基得到厚葬之後，空中部隊迅速恢復正常作業，飛行員在行進中的船艦執行以危險聞名的起降，夜以繼日。

莉雅每次起飛時，都要鼓起毅力與勇氣去面對可能致命的環境；堅持與專注則有助於她克服這些神經緊繃的時刻。在完成飛行前簡報後，她拿起裝備，檢查飛機，爬進駕駛艙，啟動所有系統。她明白，一旦她掛上起飛彈射器，豎起大姆指並敬禮，她便要對她自己與工作負責。「每一回，都要充滿勇氣才做得到，」莉雅說，「我想，在那個時候，我明白我是什麼樣的人……我明白每一次在我有機會挑戰自我、推進自我時，我就必須去做。在那些時刻，你明白自己就和上回應戰時一樣好。」由於莉雅汲取了勇氣，她得以持續她的非凡職涯，包括在阿富汗與海豹部隊一起完成地面部署任務。在自我懷疑的時刻，她會背誦威廉．歐內斯特．亨利（William Ernest Henley）的詩作〈不屈不撓〉（Invictus）：「我是自己命運的主宰，我是自己靈魂的隊長。」

在我們的經驗中，克服恐懼、找到內在勇氣與韌性，其關鍵在於情緒上的勇敢。情緒上的勇敢是願意感受你的情緒，同時採取行動。我們可以培養出既周全、有謀略又強而有力的行動能力……在我們感到害怕的時候。

光是「克服」恐懼還不夠，那並不實際；我們必須學習面對它。我們可以使用第三章〈面對你的情緒〉的步驟，找出讓我們害怕的事情，然後採取行動。練習注意自己是在哪裡產生恐懼感之後，便能明白如何體驗恐懼，而不會迷失其中。還記得前一章談到將壓力視為助力嗎？我們也可以這麼對待恐懼——無論我們在緊張、不安或害怕時有何生理感受，都可以用對自己有幫助的方式來詮釋。然而，我們仍必須學習在恐懼時採取行動。我們可以專注於邁向目標的過程，而不是途中的阻撓。

當賓娜·溫卡塔拉曼（Bina Venkataraman）還是《波士頓環球報》的「低階菜鳥記者」[1]時，經常被周遭的人嚇壞。她更相信別人的說法與想法，而不是她自己的，其中包括報紙讀者與不同意報導的人。

在一次報導任務中，賓娜了解到所謂的離岸風場。這項訊息令她大受鼓舞，於是單挑權力強大的麻州參議員，已故的泰德・甘迺迪（Ted Kennedy）。她撰寫了一篇深度報導，是有關他在政壇上阻止該座風場的設立。這篇報導在週末見刊。即便是星期六，甘迺迪仍舊打電話給該報幾乎每一名編輯，抱怨該報導。當每個編輯又打電話給賓娜時，她的回答都是一樣的——她有事實與陳述可以支持她所寫的報導。

賓娜很害怕。面對美國最強勢的政治人物之一的指控，退讓或許比較容易，但她選擇勇敢堅持自己的看法。「我生涯中那個很不優的時刻——回覆編輯們有關泰德・甘迺迪的電話——結果成爲轉折點。那個時候，我爲自己而戰……我仍然無法輕易鼓起勇氣，但我發現，當我知道自己是爲正義而戰時，便能找到勇氣。」她說。

她的勇氣很有幫助。賓娜後來在二〇一〇年至二〇一九年擔任麻省理工學院與哈佛大學布洛德研究所（Broad Institute of MIT and Harvard）的全球政策計畫主任。埃里克・蘭德（Eric Lander）擔任總統科學與科技顧問理事會共同主席時，她是埃里克的資深顧問。她後來到白宮擔任氣候變遷創新的高級顧問。

以賓娜來說，使命感與正義感——堅持她的價值觀——讓她在壓力之下不屈不撓。

想想你現在面對的挑戰，或者你曾經面對的需要高度力量的挑戰。你是如何因應那個情況？你希望自己可以做得更好嗎？

根據卡內基機構的研究，我們發現，很有韌性的人通常會保持正面態度，對自身能力有信心，妥善地因應挑戰，快速從危機中復原，從不好的體驗中汲取教訓，以供日後運用。有著高度力量與韌性的人會問自己：「我可以從這件事學到什麼？經歷這件事對我的成長有何幫助？我現在必須做什麼才能前進？如果我一直認爲情況很糟糕，會怎麼樣？」

我們亦看到，觀感對於一個人的韌性有很大的影響：面對相同事件，最有韌性的人不會覺得壓力那麼大，不像那些比較沒有毅力的人。僅百分之十六的高韌性群體表示，經歷具挑戰性的事件時產生了高度壓力，而低韌性群組則有百分之三十一的人如此表示。這意味著，韌性與我們看待逆境的態度有關，也跟我們做出的反應有關。當然，我們想要盡量待在「韌性」群體中，因此，我們首先要檢視自己看待情況的方式。[2]

在賓州大學研究「韌性」之後，露西．洪恩（Lucy Hone）回到家鄉紐西蘭基督城進行博士研究——就在大地震重創該地區之後。露西首先與她的社區合作，共度災後時期，她認爲這是將研究付諸實行的大好時機。難過的是，她錯了。

三年後，露西與家人在南島歐豪湖（Lake Ohau），她的女兒艾比決定和露西的摯友莎莉，以及莎莉的女兒艾拉一起去開車兜風。她們開在路上時，一部汽車高速衝過停車標誌，撞上她們，三人當場過世。

如今，露西的處境對調了——變成別人勸導她如何保持韌性。她一點也不喜歡她聽到的話。露西注意到，別人對她說的建議，讓她覺得自己像是無法承受人生重大轉折的受害者。她覺得「無力」，無法對自己的經歷「施加任何影響」。[3]

露西覺得她需要的是希望，她也希望能夠控制自己的哀傷過程，所以，她拒絕別人給出的建議，轉而專注於她之前研究具備韌性的人時、所得出的三項策略。

第一項策略是，堅韌的人接受苦難是人生的一部分。他們的心態會給自己留有一些餘地，預期有可能出現痛苦的時刻。「我從來沒有想過：『爲什麼是我？』事實上，我記得我是想：『爲什麼不是我？可怕的事情會降臨在自己身上，如同會發生在別人身上一樣。那正是你現在的生活，要不沉沒、要不游泳。』」她說。露西說的沒錯。可怕的事情確實會發生，而且很遺憾的，這是人生的一部分。我們需要接受一生之中都會遇到艱難時刻。我們常會忘記這點，尤其是看到社群媒體上他人分享的、快樂又完美的計畫的時候。

第二項策略，是情感堅強的人善於選擇他們投入注意力的地方。他們選擇專注於自己的想法以及他們可以改變的事情，同時接受他們無法改變的事情。當露西快要被情緒吞沒時，她提醒自己她必須爲誰而活，首先是她的兩個兒子需要全心全意的母親。她也想起他們家得到的社會支持和關愛。「能夠轉移注意力，想到好的事情，科學研究已證明這是一項極爲有力的策略。」露西說。

第三項策略，是堅強的人會不斷問自己：「我所做的事對自己有益或有害？」露西在遭遇悲劇之後便是這樣問自己。她藉此來決定要不要去參加肇事司機的審判；當她發現自己不停看著女兒的照片時，也這麼問。露西訓練自己不要耽溺於自憐自哀。她必須專注在自己的想法與行動是有益或有害、它們是製造出正面或負面體驗。長久之後，這些方法幫助她用較爲健康的方法度過哀慟，在可怕悲劇之中找尋希望。

半身癱瘓的企業家陳萊恩（Ryan Chen），是麥可和我有幸認識、最勇敢且堅韌的人。他克服千辛萬苦，仍能對生活抱持良好態度。萊恩年輕時是個快樂幸運的小孩——充滿精力、身手矯健、熱愛冒險。十九歲時，他到山上玩單板滑雪，毫不猶豫地進行了高空跳躍。他飛到高空中、旋轉，然後背部著地。

萊恩躺在雪地裡，發現不對勁——他感覺不到雙腳，無法坐起。在漫天風雪當中，滑雪巡邏隊設法把萊恩送到醫院。他接受了八小時的手術，醫師在他甦醒後告訴他，他的脊椎嚴重受傷，永遠無法再走路。萊恩躺在病床上，無法相信這一切。他跟自己說，一定是他們弄錯了。無論如何，他都要「走出」醫院，證明大家都錯了。

接下來的六個月，萊恩忍受密集復健。他重新學習坐起、平衡和使用輪椅。接受過無數次失敗的手術後，萊恩的前景益趨黯淡。「我對自己所認知的一切都被剝奪了，」他說。他只能想到他再也不能做的事。受傷前，萊恩極爲活躍——他練習並參加劍道比賽，擔任高中全國越野隊的隊長，定期滑雪。如果無法行走，他的人生會如何？

等到萊恩終於離開醫院，他回去學校上課，重新學習開車，找到工作，但他滿腦子都是他失去的東西。他吃了無數止痛劑，導致兩年的嚴重腦霧和鴉片類藥物成癮。他花了數年才擺脫藥物，但在停藥後，他的心思終於清晰了，又回到以前的他。他開始意識到，朋友與家人在他出事後一直支持他。他明白自己能夠活下來是多麼幸運，大多數人以他的情況來說，根本沒有第二次機會。萊恩開始增加在學校的活動，發揮意外之前他所具有的潛能。「我想說，反正都要活下去，一半的身軀又怎麼了？何不全力嘗試？」

有一天，萊恩的高中好友馬可仕邀他去旅行。馬可仕跟著酷玩樂團（Coldplay）與蒙福之子樂團（Mumford & Sons）等知名樂團巡迴，拍攝紀錄片。起初，萊恩猶豫不決，他在意外之後就沒有旅行過，但這個點子實在很吸引人。馬可仕後來說服了他；那趟旅行改變了萊恩的觀點，從沒有可能性的世界轉變爲無限機會。

萊恩將想法從以前的生活移開，轉而展望未來之後，他突然看到他可以做的各種事情。在受傷前，他一直想去跑馬拉松。出事後，他以爲那已是不可能的事。後來，他發現了輪椅比賽和手搖自行車。在教練指導三週後，他已準備好參加馬拉松。「太瘋狂了，不過我最後還是完成了！我花了四小時，快死了，但我也上癮了，」他說。

迎接每一次的新機會之後，他感覺更強壯、更有能力。每次冒險及冒險的成功，讓他培養出自信心。沒多久，他便決定將這股動力運用到事業上。由於先前服用處方藥的負面體驗，讓萊恩想要製造天然替代品，用安全、科學的方法帶給人們活力與清晰思路。萊恩與大學朋友肯特共同創立Neuro公司，在薄荷口香糖中添加促智藥（Nootropics）和增強認知的維生素。

萊恩並不後悔那次滑雪板跳躍，因爲他在重塑及重建生活與世界觀的過程之中獲益匪淺。「如果你感覺被逼到死路，所有機會都沒了，就花點時間仔細找找看，會有其他機會和大門爲你敞開，」萊恩說，「絕對不要放棄。」

萊恩決定專注於他可以控制的人生層面之後，他的態度往好的方向改變了。他偶爾會和美國帕拉林匹克隊伍一起訓練，學習水肺潛水；他也正在受訓，想要取得私人飛行執照。他並不是單純克服障礙——他的限制幫助他用新方式去看這個世界，給了他一種他不知道自己擁有的力量。

掌舵

TAKE COMMAND

記住，建立韌性與勇氣是我們迄今各種努力的集合。我們能夠變得強壯，是選擇正確想法、面對情緒、建立信心、接受改變、拋開後悔與應付壓力的直接結果。雖然人生有些事情不是我們所能控制的，但我們永遠可以選擇要如何應對——憑藉著力量、勇氣與韌性。

原則：利用艱辛來培養你的內在力量

行動步驟：

- **培養勇氣與毅力**
  - ▼面對你的情緒，選擇振奮的想法。
  - ▼使用第一章到第三章的框架，調整你對情況的想法與感受。
- **回顧過去以展望未來**
  - ▼想想你過去曾經面對的考驗。那是什麼情況？
  - ▼你做了哪些展現出勇氣、韌性或力量的舉動？
  - ▼當時你是什麼心態？有什麼想法與情緒？
  - ▼你可以從過去那次的情況學到什麼，並且套用到現在？

- **增強對自己的信心**
  - ▼你現在可以採取什麼行動來建立情緒力量？立刻去做。
  - ▼不妨使用一句肯定的話來提醒自己，你是強大、有力量的。
  - ▼當你需要培養韌性時，請記住，具高度韌性的人會做特定的事情，幫助自己度過艱難時刻。
- **接受苦難是人生的一部分。**如同「迎合不可避免的事」，我們如何接受人生時不時投給我們的變化球？
- **選擇投入注意力的地方。**我們或許無法控制發生在我們身上的事，但可以控制投入注意力的地方。現在便決定把注意力放在哪裡——你的日標和你可以採取的行動。
  - ▼**問你自己：「我所做的對自己有益或有害？」**反芻恐懼或情緒通常沒有幫助。你可以使用什麼工具，在人生的艱辛時刻擺脫無益的行動？

第 2 部

掌舵你的關係

FIND YOUR STRENGTH,
BUILD ENDURING RELATIONSHIPS,
AND LIVE THE LIFE YOU WANT.

無論你自認是內向、外向或介乎其中，真心與人往來是你所能擁有的最重要技能。麥可和我回顧人生時，我們明白人生最美好的部分包含了人際關係。

雖然不同文化之間待人接物的方式各異，但大家一致同意，與他人的往來態度很重要。親密關係的性質會隨著時間而轉變。一開始或許是因為方便而建立的關係，例如學校或活動，而後隨著年紀增長及分開，關係變得淡薄。我們可能會在工作上認識別人。我們希望建立有意義、禁得起時間考驗的關係。在一生之中，我們的人際關係不斷演進、改變，但都需要努力與照顧。

在第二部，我們將討論與他人建立關係的重要性，以及建立強健關係的意義。我們將探討如何建立信任，因為這是所有人際關係的基礎（無論是跟我們最要好的朋友或普通同事）。

接著，我們要面對令人心生畏懼的字眼：批評。不管是批評別人或被人批評，一點都不好玩。我們會討論一些情境，分辨批評與回饋之間的不同。每種關係的體驗都不一樣。我們無法控制別人，但可以控制我們自己，學習如何更為輕鬆地度過艱難的對話——通常是和難搞的人。最後，我們要討論如何從別人的角度思考，並提出建立同理心的實用訣竅。

學會掌舵自己的內心之後，也要學會掌舵人際關係。唯有了解自己，才能真心與他人來往、關心他人；唯有建立強健、互惠的關係，我們的人生才有意義。

9 建立人際關係

假如你希望別人喜歡你，假如你希望發展真正友誼，假如你希望在幫助自己的同時幫助別人，請謹記這項原則：真心對他人感興趣。

——戴爾・卡內基

卡內基寫作《人性的弱點》的理由之一是，他認識許多人不知如何建立強健關係。缺乏這些技能，人們便無法在生涯中前進，或與家人良性對談。卡內基明白，能夠跟他人有效互動及溝通的人，會過上更豐富、圓滿、幸福的生活。《人性的弱點》是由一套原則衍生出來的，最初只有一張明信片的篇幅，然後成長爲一張傳單，後來擴充爲一份小冊子，最後寫成一本書。《人性的弱點》在八十五年後仍然是暢銷書，證明人們還是想要知道如何與別人往來。他們想要「贏取友誼」及「影響他人」。跟卡內基初次強調與朋友、家人和同事深切往來的價值時相比，人際關係現今依然十分重要（或者具挑戰性）。

在《人性的弱點》中，卡內基寫道：「與人往來可能是你面對的最大問題，尤其是你在企業界的話。」他引述一項知名研究，顯示「即便是在工程等技術性質的工作中，仍僅約一五％的財務成功取決於一個人的技術知識，而有約八五％取決於人際工程技能——亦即性格及領導能力。」卡內基認爲，雖然技術技能很重要，但是，「除了技術知識之外，也擁有表達觀點的能力，能夠領導他人、激發衆人熱忱，這樣的人將會有更高的賺錢能力。」[1]這項事實從一九三六年至今依然正確。儘管這項研究已經過去了將近一世紀，與別人來往還是很重要。如果想要成功，就需要學會與他人好好相處。

倘若你曾經看過一個兩歲小孩和另一個小孩一起玩，你便知道關係技能是學來的，而不是天生的。成年之後，我們時常將人際關係視爲理所當然，便容易以爲我們擅長這項技能。但事實上，這個世界時刻都在快速變化，所以我們與人相處的方式也必須跟著調整。

你有沒有想過人際關係是如何形成的？簡單來說，那是兩個人在情感上、心理上或家族上的連結。關係（relationship）的拉丁語是*necessitudo*，與「必要」（necessity）的字根相同。人人都需要與他人的連結，但我們注意到，許多人覺得自己一人也能過得很好、不需要別人，甚至覺得獨來獨往比較好。這實在再錯誤不過了。

羅伯・沃丁格（Robert Waldinger）是進行過最長久的「幸福研究」的負責人。主導這項幸福生活研究的哈佛團隊已到了第四代科學家，而且已得出三大重要研究成果。

第一，社會連結對我們是好的；相反的，孤獨會殺死我們。研究顯示，與家庭、朋友及社群的連結更爲緊密的人，會更加快樂、身體更健康、更爲長壽。第二，重點不在於朋友的數量，而是親密關係的品質。溫暖的關係對我們的生活有益，經常的衝突則有害健康。第三，良好的關係不僅能維持生理健康，亦可維持大腦健康。這項研究顯示，擁有信任關係的人，記憶力更好。[2] 沃丁格在TED演說中表示，這項智慧「如山丘般古老」。那麼，爲何人際關係那麼困難？

「我們想要速戰速決，想要美好生活，也想要就那樣維持下去。人際關係混亂複雜，照顧家庭與朋友很辛苦，並不性感或光鮮。而且要持續終生，永遠不會結束……很多人在年輕時認為，名聲、財富與高成就是獲得美好生活所需追逐的。但在這七十五年間，我們的研究一再證明，活得最好的人是投入家庭、朋友與社群關係的人。」[3]

回顧人生，我最有影響力、最重要的時刻都有一個共同點，那就是我的人際關係。我生命中的人帶給我喜悅及滿足，他們幫助我學習與成長；我也希望回報他們。人際關係並不是可有可無的；強健的關係讓我們活得更健康、更長壽。綜合一百四十八項研究所得出的結論是，擁有強健社會關係的人，早逝的機率減少了五成。[4]讓我們覺得受到關心的友誼，亦可作爲減少壓力後果的緩衝。[5]另一方面，研究人員發現，與人缺乏連結、社交上無人支持，可能危害健康，例如憂鬱比率較高、免疫力降低、血壓升高。[6]我們需要人際關係，才能保持心理、情緒與生理的健康。

我與麥可認識二十多年，雖然剛開始只是商業關係，但如今已建立起強健的友誼。我在一九九五年參加了卡內基訓練，儘管我覺得這些原則很有用，然而我發現自己沒有充分運用這些原則，於是我擬定一套系統，加入我的生活作息。每一天，我選擇一項原則來實踐，採取一項行動步驟，思考一句鼓勵的話。最後，我做了每日行事曆，將一整年的內容標準化。

我自己用了這套系統數年之後，一名朋友建議我聯絡卡內基訓練機構，跟他們說我做了這種行事曆。「也許這對其他參加過卡內基訓練的學員也很有價值？」

「我不知道，」我回答，「那種大公司或許充滿無數想法。他們幹麼要聽我的？」

「你不可能知道。但你有什麼可損失的？」我無法反駁這點。於是，我寫了一封信給卡內基訓練的執行長奧立佛．克羅姆（Oliver Crom），陳述我的概念。我是用聯邦快遞寄出的，所以他隔天就收到了。我等了一天，便打電話給他。「您好，卡內基訓練。」一個愉悅的聲音接聽電話，我則緊張不已。「我想找奧立佛．克羅姆，」我告訴接待人員。「請稍候，」她說。令我訝異的是，接下來我聽到：「您好，我是奧立佛．克羅姆。」哇，卡內基訓練的執行長接聽了我的電話……我驚呆了。奧立佛說他已經看過我的信了，很欣賞我的主意。「我想要進行一項領航計畫，」奧立佛告訴我，「也已經找到主持計畫的人選。我的兒子麥可，也是我們的一名高階主管。我會跟他說，然後你們可以合作。」那便是我與麥可關係的源起。

起初，我覺得麥可很專業，但沉默、拘謹。我們合作設計領航計畫，與兩家卡內基訓練中心測試行事曆。我想要更加了解麥可，便問他一些問題。「麥可，跟我聊聊你自己。你不工作時喜歡做些什麼事？」我問。

「我的人生除了工作之外，最重要的便是我的信仰、家庭與朋友們，我在教會與社區很活躍。」

「眞的嗎？」我說，「再跟我多說一些。」麥可講起他的信仰，他是如何開始每天線上讀聖經；說起他的妻子南熙（Nancy）與兩個小孩妮可（Nicole）和艾力克斯（Alex）；講起他如何參與卡內基訓練，對於卡內基帶給個人與組織的影響感到振奮。我在傾聽時，發現我們有很多共同點。我的信仰對我也很重要，我的妻子正懷著我們的第一個孩子，而卡內基訓練也改變了我的人生。了解麥可這個人，讓我們共事起來更加愉快。

雖然分公司的領航計畫成功了，但卡內基訓練當時並未正式推出那項計畫。直到兩年後，我成立第一家公司，我們才開始於全球實施當初的領航計畫。儘管當時麥可已經升職，轉由另一名高階主管主持這項計畫，但麥可和我仍保持聯繫，在我前往紐約或在卡內基年會相見時，彼此都會敍敍舊。我三不五時便打電話給麥可，他也是。每次我們聯絡，我對麥可這個人便多一些了解，像是他重視什麼事。原本是商業關係，現在已成爲一段友誼。

多年後，我獲邀加入卡內基訓練下任執行長的遴選之列。我打電話給麥可，想了解他的想法。我說，「如果你不認爲這是個好主意，我便不參加。你是怎麼想的？」而他回答：「這個主意太棒了！」他就遴選流程提供建議，而我也仰賴他的指導。

透過我和麥可的友誼，我學到建立穩固的友誼需要花時間。它不會自然發生，你必須投入時間與精力，關係才會滋長。麥可和我是眞正想要了解彼此；我們經由共同的興趣與價值觀，培養出互信及尊重。

相反的，以前我共事過的許多人，跟人互動都是機械式的；他們想要爭取你的生意，但你看得出來他們根本不在乎你。眞心來往，意味著我們必須對對方抱持好奇心。問問自己：「我可以向這個人學習什麼？他們眞正關心什麼？我可以爲他們提供什麼？」

當我們眞心對身邊的人感興趣，便能眞正喜歡人際互動，而不是只想撐過各種互動。在此要明白地說，我們並不是鼓勵你與遇到的每個人建立友誼。你不必跟每個人建立關係，事實上，你或許也不想。並不是每個人都符合你的目標和價值觀，也不是每個人都值得你花時間。想要謹愼選擇相處的人無傷大雅，但是，當你眞的做出選擇，便要把這段關係視爲你人生的優先事項。

就像水裡的魚看不見水，直到我們遭遇考驗，才會明白人際關係的重要性，例如，失去信任以致關係無法修補，或者重大疾病、死亡讓我們與摯愛之人分別。

安迪・辛斯邁斯特（Andy Zinsmeister）總以爲長大後會跟父母一起工作，但是，當他的父親被診斷出癌症後，這個夢想可能要破滅了。當時他的父親是一個團隊的副總裁，而安迪爲他做事。安迪希望向員工告知父親的病情，好讓大家知道父親的情況，但他父親的想法不同。他不要鮮花與憐憫，不希望大家爲他愁眉苦臉。他希望穩住事業，避免造成干擾，讓團隊正常運作。

當時安迪僅二十二歲，不確定自己要如何面對父親生病。他的父親一直是在他人生艱難時刻支持他的人，如今安迪也想支持父親。以前，他們是傳統的親子關係，父母承擔主要的溝通責任。現在，由於安迪可能失去父親，他明白了父親對他有多麼重要，他想要在父子關係間承擔起更大的責任。

每天，安迪會用細微的方式與父親溝通，問他的情況如何，想要聽他說之前沒說過的人生故事。有時，安迪會問父親關於養大他的心情體會。安迪知道他們相處的時間所剩不多，因此想要在爲時太晚之前眞正了解父親。「我決定特意強化與他的關係。有些日子，他的情況比較好；有些日子，他想要跟人講話；有些日子，他只需要我向他點個頭，知道我在陪伴他，」安迪說。

父親最後戰勝病魔，他和安迪的關係也因爲生病而變得更加堅強。安迪刻意增進與父親的溝通連結，因爲他明白必須回報父親以前給他的愛心與照顧。「我強烈相信掌舵的力量，無論是自己內心的掙扎、人際關係或必須做的改變。第一步就是要有勇氣，」安迪說。

☺ 建立良好關係的五種方式

建立關係是一種模糊的目標，我們未必知道實際上該怎麼做。麥可和我思索過人生各種重大關係的因素之後，統整出五項建議。採取其中一種以上的方法，將能幫助你眞正了解他人，讓別人知道他們對你而言很重要。

1. 溫暖。溫暖是一種被低估的性格。人類行為研究實驗室「人類科學」（Science of People）創辦人暨首席調查員凡妮莎・范・愛德華茲（Vanessa Van Edwards），同時也是兩本相關著作的作者，她指出，魅力十足的人兼具溫暖與才能。[7] 建立關係不只需要信譽良好，也要證明自己在情感上安全、值得信任。

溫暖是什麼意思？溫暖通常是指開放與友善。這似乎是想當然的第一步，但需要持之以恆。為了表現你心胸開放，你需要用肢體語言、臉部表情及說話音調來表達。想想你與人剛碰面時的互動。你有微笑嗎？你有表現出你有在聆聽，例如點頭附和嗎？你有抬起眉毛或跟隨對方的暗示嗎？研究顯示，百分之五十五的溝通是非語言的，因此，我們如何表現，比我們說的話更重要。[8]

2. 聆聽。良好的聆聽不是指別人講話時不要插嘴就好了。良好的聆聽是指開放心胸去聽對方在說什麼，而不預想我們接下來要回應的話。提出後續問題以增進了解，亦可表示你有在注意。在別人講話時保持耐心也很重要。與人建立關係的大半關鍵，在於學習仔細傾聽，聽出他們話中含意，提供他們需要卻說不出口的支持。卡內基寫道，我們的意圖與專心傾聽，是我們所能給予他人的最高恭維之一。

3. 找尋共同點。人們經由共同的興趣、嗜好、職業與價值觀，與他人建立關係。我們在結識他人的初步階段，共同點是彼此間的連結。但是，找尋共同點並不是專供新關係使用而已。我們可以將這項技巧運用於關係褪色、需要重新連結的時候；也可以在關係無可避免地陷入瓶頸時，善用共同點；相處上遇到困難時，我們也可以自問，跟那個人還有什麼共同點或共同看法。

4. 展現真心關懷。表現出真心關懷，意指我們需要做的不只是模糊的一般問候「你好嗎？」，那只會得到機械式回答「我很好，謝謝」。真心關懷別人時，我們要明確表示我們可以開放、坦白地談論人生發生的任何事情。我們分享艱難沉重的事，如同我們分享值得慶祝的事。展現真心關懷，往往是要提出深入的問題，花時間陪伴那個人。

5. 給予真誠的感謝。卡內基寫道：「有一種令人痛苦、毫不動搖的人類渴望……渴望感受自己的重要性，是人類與動物之間的主要差別之一。」[9] 人們渴求得到感謝；他們希望知道自己是重要的。當你告訴你關心的人們（無論認識幾天或認識了一輩子），說他們讓你的人生大不同，你便是肯定了他們的天生價值。

麥可的好友葉瑟妮亞．阿奎瑞（Yesenia Aguirre），是一名從事教職十七年的學校老師，現在的空閒時間，她則是 Uber 司機。不過，葉瑟妮亞不只是個 Uber 司機。她是運用上述五種方法與人建立關係的完美範例；她認爲自己的工作是給乘客加油打氣。「我的乘客行動受限，」她說，「他們哪兒都去不了，因爲他們需要我送他們去到下個目的地。我要怎麼做，才能讓他們在下車時感到開心？我要怎麼做，才能帶來希望？」

首先，她溫暖地跟他們打招呼，稱呼他們的名字。她注意到，許多人聽見自己的名字以及她叫他們的友善態度，便已感到意外。接著，她稱讚他們。「人們喜歡受到讚美，很快就能打開話匣子。」有時，乘客看到她的簡歷說她曾是一位教師，便詢問她爲何在夜晚當司機。她趁機分享她的故事——因爲母親的健康問題，她已辭去教職，想要全心照顧母親。「這又進一步破冰，因爲他們看到一個願意犧牲人生、未來與夢想去照顧父母的人。這種感動讓他們願意訴說自己的私事，」她說。有一次，她載到一名對沖基金公司的高階主管，他訴說自己的悲慘情況——他的工作是一流的，但幾乎沒有人際關係。他覺得人生沒有什麼好期待的事。葉瑟妮亞靜靜地聽他說著想要跳樓自盡。

葉瑟妮亞認為，我們活著，便有自己的目的。她跟那名主管說了，並建議他明天早上去聖猶達兒童癌症病房看看，或是去男孩和女孩俱樂部（Boys & Girls Club）幫忙。「你需要停止想著那些東西，」她跟他說。他聽著她講的每個字，然後回答：「謝謝妳！我覺得自己彷彿進行了一次心理治療。我覺得好多了。」

葉瑟妮亞最近載到一個男人，他一週後便要進聯邦監獄服刑十年。她問說怎麼回事，他回答，四天前他因為販毒而被定罪。那個男人說，他的案子是長島所破獲的最大販毒案。

他講述自己在一場工安事故中從鷹架跌落，傷到背部之後，便涉入毒品交易。一個朋友給了他止痛劑維柯汀（Vicodin），不久他便成癮。為了拿到更多毒品，他決定販毒。事情一發不可收拾，他的人生就成了這樣。他告訴葉瑟妮亞：「我想改邪歸正，但要還房貸，要付車款。如果我金盆洗手，那麼我會陷入那些麻煩，壓力太大了，」他說。無論他試過多少次，最終又回去販毒。

被逮捕的當天早晨，他禱告並告訴上帝，如果他應該擺脫販毒，那麼上帝便必須讓他完全脫離。以奇異的方式，他的禱告應驗了。葉瑟妮亞告訴他，在獄中的時間，他應該專心上學，規劃出獄後要做什麼。

在這名乘客下車前，葉瑟妮亞和他一起禱告。她給了他電話號碼，告訴他若需要什麼就打電話給她，乘客說：「妳不知道，我感動得亂七八糟。」葉瑟妮亞每次聽到這種話便會笑，因爲她的乘客對他們之間的連結而感動落淚時，都會這麼說。葉瑟妮亞後來接到那個人的母親來電，感謝她對兒子的憐憫。

葉瑟妮亞的溫暖讓她的乘客坐過她的車以後，都覺得好多了。她把日常互動變成他們生活的一段奇特插曲。這或許是短暫相遇，但葉瑟妮亞與許多乘客變成了朋友，因爲她是以關懷的方式建立聯繫。

☺ 數位時代的人際關係

即便我們生活在數位聯繫毫不費力的時代，培養深入且私人的關係卻變得困難。「社群媒體讓人以爲我們應該交遊廣濶，然而在現實裡，假如我們有一兩個好朋友便算幸運了，」作家布芮尼．布朗說。[10] Z世代一天花九小時上網，傳訊息或上社群媒體是他們與朋友聯絡的主要形式。[11]聖地牙哥州立大學心理學教授珍・特溫格（Jean Twenge）研究發現，「一九七〇年代後期，百分之五十二的十二年級生幾乎每天跟朋友在一起。到了二〇一七年，只剩百分之二十八的人。下降的情況在二〇一〇年之後尤其明顯，就是智慧型手機開始普及之際。」二〇一二年之後，青少年的憂鬱及孤獨率攀升，此後有增無減。[12]雖然數位通訊對無法見面的人來說是一項福音，但研究發現社群媒體無法取代面對面的互動。

蕾伊・吉奧達諾（Rae Giordano）生完女兒後，感到精疲力竭，但渴望與人溝通。「可是，我很難跟朋友說上話，我困在餵母乳、換尿布、打理自己、有空便睡一下的循環中。我覺得沒時間、也沒精神好好談話，」她說。儘管她以前並不熱中社群媒體，但她逐漸迷上網路。這種習慣慢慢淹沒她，直到她發現自己於凌晨餵奶時，都在滑手機打發時間，這樣她才有跟外界連結的感覺，因爲能看到別人在做什麼。

「過了好一陣子，我發現除了我的伴侶之外，我已經一週以上沒跟現實世界的人講過話，」她說。直到此時，蕾伊才驚覺，社群媒體上的連結感都是虛假的。「那是單行道。我沒有跟任何人講話或直接連絡，沒有人知道我過得如何，即使我在別人的發文底下留言。」更糟的是，因爲那種虛假的連結感，她忽略了眞正的友誼。

蕾伊決定刪除手機裡的臉書應用程式，只用桌機上臉書，而且限制時間。然後，她寫下一份她想要強化關係的名單，每當她想要上社群媒體時，便發簡訊給名單上的人。最後，她計劃至少一週與朋友見面一次。僅僅一週，蕾伊便感受到情緒與人際關係不一樣了。她與人實際的聯繫，增進了關係。「與朋友相處的時間，遠遠勝過我花在社群媒體的時間，」她說。

掌舵

TAKE COMMAND

人際關係讓人生更加豐富、更有意義，幫助我們實現人生最大的目標。有意識地與人相處，便能建立有助於身邊人們的關係，讓自己過上夢想生活。關鍵是採取有意識的行動，培養那些關係。

原則：把人置於優先位置

行動步驟：

- **盤點關係。**寫出五名你最關心的人。你跟他們的關係是否如同你希望的那般堅固？為什麼是或為什麼不是？
  ▼假如沒有那些關係，你認為你的人生會如何？
- 你今天可以做哪一件事，以增強你和這五個你最關心的人的關係？記得要考

慮以下幾點：

- ▼**表達感謝**。你可以說些或做些什麼，讓他們知道他們對你的意義？
- ▼**找尋共同點**。藉由共同興趣與他們產生連結。
- ▼**溫暖待人**。
- ▼**表達真心關懷**。你如何讓他們知道你關心他們？你今天可以採取什麼行動？
- ▼**聆聽**。回想上次你跟他們聯絡、詢問他們近況的情形。每個人都有不如意的時候，給他們充裕時間向你講述他們的情況。

- 你每天可以採取什麼行動，幫助你建立強健關係？將那些行動安排到你的生活作息當中。

10 培養信任

你要更注意自己的性格而不是名聲，因為性格代表你這個人，而名聲不過是別人對你的看法。

——戴爾・卡內基

米莉安・杜阿特（Miriam Duarte）是戴爾卡內基德國公司的大師級講師，她充滿熱忱地看著學員在兩天綜合訓練的第二天回到她的課堂。「歡迎回來！」米莉安臉上掛著大大的微笑。「等一下我們每個人都要站起來，就昨天大家實際運用我們課堂上討論的人際關係原則，發表兩分鐘的談話。有問題嗎？」沒有人發問，她便邀請第一名學員到教室前面，分享前一天的體驗。每個人輪流發言，結束後，大家鼓掌。半小時後，大家都講完了，剩下一位安靜坐在房間角落的女士。米莉安叫她時，那位女士拒絕站起來。「很抱歉，」她說，「我辦不到。我太害怕在別人面前講話。」米莉安思索著：「我想要尊重她的意願，但我猜想這會不會是她成長的機會。」米莉安看出那位女士不信任她與房間裡的其他人，感到不安全。「這樣吧，」米莉安說，「妳坐著就好，讓我問妳幾個問題？妳不要的話也沒關係。」

「我想我做得到，」那位女士遲疑地回答。米莉安溫柔地問了一連串問題，那名女士小聲地回答。結束「面談」後，其他人大聲鼓掌以表達支持。

接著繼續上課。那天結尾時，又到了另一次簡短發言的時間，學員輪流站起來分享學習心得。回想那時，米莉安說：「我好奇那位女士這次會不會站到班級前，我很小心不讓她感到不安或破壞她的信任。」

輪到那位女士的時候，米莉安首先稱讚並表揚她那天的表現。教室裡再度響起熱烈掌聲，米莉安看著她會怎麼做。那位女士環顧四周的人，遲疑了一下，便起身走到教室前面，開口說：「今天早上，我差點就要逃離教室，因爲我無法想像自己站在這裡跟大家講話。我在高中時懷孕了。我遭到霸凌、排擠，所以我不想跟任何人在一起，更不用說站在教室前面，跟一大群人講話。老實說，我現在怕死了。但我很感謝大家，因爲今天我有機會在人生中第一次鼓起勇氣。」她講完後，教室裡響起如雷掌聲，大家爲她起立鼓掌。

米莉安知道，早先如果強迫那名女士，她就無法建立起信任，也就無法使她自己站起來發言。米莉安必須讓她明白她是安全的，而且每個人都希望她成功。「那是一次重要的體驗，提醒我尊重人們的界限有多麼重要。每個人的行爲都是有理由的，我憑什麼去評判他們？我只想要大家發揮自身潛力，而我學到我可以透過建立信任來表達支持，」她說。

關於信任或許有數十種不同看法，麥可和我認爲，這是指堅定相信某人或某件事是可靠的。我們信任自己、別人或一樣東西（例如汽車、電腦或裝置），我們覺得可以依賴那個人或東西的特質、能力、力量或眞實性。信任是所有正面關係的基礎。我們爭取他人信任的能力，可以在全世界的會議室、家庭、運動團隊和人際關係中發揮作用。信任是多面向、無形、難以界定的，卻是我們培養所有關係的關鍵。

我們與他人的每次互動，都承載一定程度的風險與報酬。我們的核心人性、安全與自我保護都需要信任。知名發展心理學家艾瑞克森（Eric H. Erickson）稱信任爲「自我的第一要務」，並認爲我們能夠信任周遭的人，是形成關係與世界運作的基礎。[1]自人類起源，我們就必須判斷別人是要傷害我們或幫助我們。這正是卡內基原則專注於建立信任與尊重他人的理由。

這裡要說清楚：我們也可以跟不信任的人建立關係。信任並不是每一項關係成立的關鍵，卻是讓關係茁壯成長所必需的。麥可和我都曾與不信任的人共事，在那個時候是必要的——我們並不會總是有機會挑選同事。我們都不認爲我們喜歡當時的情況，然而這些是以工作爲主的運作關係。對於互惠、不可或缺的關係，信任是其基礎。

有時，信任別人並不容易，因爲我們以前都曾受過傷害。深沉的傷害與痛苦讓我們築起高牆，隔絕人們。儘管那或許像是解決方案，但要是我們不學習讓人們進來，對我們或任何人都沒有好處。我們需要冒險。

在卡內基訓練課程中，我們會使用「信任等式」，如下所列：「信任＝個人信用＋同理心。」我們身邊的人必須相信我們的信用，以及我們能夠在情感上與他們聯繫。當我們持續表現正直，便能建立起信任。這並非一蹴可幾——關係中的強健信任，需要付諸行動與努力維持。我們永遠不能假設我們不用努力，便能得到別人的信任。

信任亦是建立社群的因素，舉例來說，公衆對媒體缺乏信任，導致我們質疑所有新聞。我聽到的是眞的嗎？報導「新聞」的那個人、網站或新聞臺是否預設了立場？倘若眞是如此，我該信賴他們說的任何事嗎？缺乏信任，會造成大規模的嚴重後果。根據現今研究，每個洲都有高信任與低信任地區。低信任地區往往較少慈善活動、較多犯罪、壽命較短，高低所得家庭的差距大。[2]社群裡缺乏信任，便會是這種情形。那麼，當我們個人關係中的信任被打破時，會是什麼情況？

阿妮與約翰在他們最喜歡的餐廳吃晚飯，她已經很長一段時間沒見到他了，她一直期待與他談話。他們聊著各自的生活，訴說近幾個月的事情，也談到其他同學。「梅芮迪絲怎麼樣了？」約翰問，「妳懷念和她當室友嗎？」

「哈！一點也不。她什麼都抱怨——有一天，我們吃午飯的時候，她跟我說貝絲變胖了，而當我告訴她，我要和你見面，她說：『他野心勃勃，不惜代價，只求成功。』」

阿妮並不認爲梅芮迪絲的話很惡劣。約翰確實野心勃勃，但那正是她喜歡他的地方之一。可是，當她抬頭一看，可以看出他被梅芮迪絲的話以及他的朋友們居然在背後講閒話傷到了。「爲什麼你們那樣說我？我以爲她是我的朋友，」他說。當天晚上的氣氛有些緊張，讓阿妮不安，但她希望沒事，約翰應該很快就會忘記這件事。

阿妮錯了。翌日，梅芮迪絲氣極敗壞地打電話給她。約翰打電話給梅芮迪絲，質問她說的話。「阿妮，我只有跟妳講那些事情，因爲妳是我最親密的朋友之一。妳爲什麼要跟約翰講？」阿妮覺得她對兩個朋友確實做得太超過了，雖然她跟兩人道歉，但過了好幾個月才修復他們的信任。就信任而言，單純只是道歉卻不做出矯正，是無濟於事的。

當我們破壞了關係中的信任，我們在乎的人可能感覺遭到背叛，即使我們無意傷害他們。他們可能懷疑猜忌，覺得必須保護自己，所以對關係退縮，持保留態度或完全迴避我們。這正是我們爲何必須有意識地建立關係中的信任。我們無法期待不信任我們的人能夠敞開心房，我們自己也不會接受不信任的人。如果客戶不信任他們可以獲得想要的結果，就不會向一家公司購買產品。假如不信任員工可以做好工作，主管就不會晉升或指派責任給員工。倘若戀愛關係中缺乏信任，兩個人便永遠不會變得親密。

☺ 表現脆弱的重要性

如果我們信任一個人，那表示我們不介意在他們面前表現脆弱，反之亦然。表現脆弱，代表我們開放自己，卸下心防。在許多狀況下，脆弱被視爲壞事。我們會說「容易受到攻擊的脆弱」或「你讓自己變得脆弱」，表示一個人處於弱勢。我們用「脆弱的人」來形容無法防衛自己的人。難怪脆弱有個壞名聲。

然而，脆弱是信任的關鍵。除非我們放下防衛，否則無法眞正建立深厚的信任。我們表現脆弱的能力，會影響到我們的眞實性、可信度與親近性。人生有很大一部分是關於與他人建立連結，我們建立這種連結的最重要方式是表達與接受眞正的自我。有時，這意味著暴露自己，冒著不知道人們作何反應的風險。

二〇一五年六月，我剛被任命爲卡內基訓練機構的總裁暨執行長。我們的組織大多爲加盟公司，個別事業主在世界各地代表卡內基。加盟公司事業主協會邀請我首度爲他們會員演講。我必須留下強烈印象。「他們會喜歡我嗎？他們會信任我嗎？卡內基的人是全球最強的演講者；萬一我的演講達不到他們的標準呢？萬一我搞砸呢？」此外，三名卡內基的董事（包括麥可），會到場介紹我。演說的前一晚，我在飯店房間裡失眠，想著我的演說，根本沒怎麼睡。「啊，我現在又多一件事要操心了，」我想著，「大家明天一早就會看到我的黑眼圈。」

翌日早晨，我站在擁擠的大廳裡。我溫暖地開始演說，站得筆直，環顧聽眾。我談到卡內基對我意義重大，也十分感謝加盟公司與他們致力於幫助他人的精神。接著，我談到對公司的願景，我們需要合作成爲「卡內基一體」（One Carnegie）。我懇請現場聽眾與我合作，重新啟動卡內基品牌，好讓我們接觸更多人，尤其是年輕人。然後，我分享妻子與我做出的艱難決策，從我們住了一輩子的密西根搬到紐約，留下年邁父母與十七歲女兒，她要跟密西根的好友待在一起，讀完高三這一年。我說，我這麼做是因爲「我全心投入卡內基。」我接著說：「我跟妻子說：『凱蒂，如果我得到這份工作，我們都同意的話，就表示我們要搬家。我們以前從未離開密西根。』而我的妻子……」忽然間，意外發生了——我從未想要在任何觀眾面前做的事。我變得情緒激動。雖然我努力自制，但話語哽在喉嚨，講不出話來。我低下頭，淚水盈眶，我拿下眼鏡，用昨天剛好放進口袋的衛生紙擦拭眼淚。幸好有一名觀眾出手救援，這是唯有老練的卡內基講師才能夠辦到的，那個人打破寂靜，問道：「所以，她說了什麼？」大家都笑了，我也破涕爲笑。那一刻，我恢復了平靜。我回答：「她說：『我全力支持。』」

演講結束後，我驚訝地發現加盟公司的老闆們站起來鼓掌，給我溫暖的掌聲。我原本擔心，展露脆弱將使我顯得軟弱。相反的，很多人說，這讓我看起來就像是一個凡人。我不是應該在演說時展示力量，而非語帶哽咽嗎？當然，展現力量也很重要，可是，我的坦誠與脆弱幫助我和群衆建立起聯繫。這並非預謀——我不知道自己會情緒激動——但我讓情緒自由宣洩，而不是隱藏起來。情緒上的脆弱並不是軟弱。在那個時刻，我充分信任觀衆而展示出眞正自我，那麼做讓大家對我和公司產生更深的連結。卽便過了數年，大家對那次演說仍津津樂道，說他們對我作爲領導人有了更好的印象。

我最喜歡的作家暨領導力教練派屈克．蘭奇歐尼（Patrick Lencioni），也是《克服團隊領導的五大障礙》（*The Five Dysfunctions of a Team*）一書的作者，他寫道，有兩種不同的信任。第一種是「預測型」信任，我們依據已知別人先前的行動來猜測他們將如何行動。舉例來說，如果你的朋友總是遲到，你便會預測下次午餐聚會他將遲到十分鐘，卽使他堅持自己會準時出席。

另一種是「脆弱型」信任，我們覺得可以在別人面前「情緒裸露」（emotionally naked）。例如，你參加會議時，某人問了你一個問題，比起承認自己不知道答案，你更可能會馬上就想要思索答案，卽便那是不怎麼樣的回答；簡單回答「我不知道」更顯脆弱。或者，假設你對關心的人犯了一個錯誤，你的第一反應可能是採取防衛，提出各種理由。袒露脆弱的反應則是坦白說「我犯了錯，對不起」，然後採取實際行動，表示自己眞心抱歉，下次會做得更好。

☺ 破壞信任

哪些事會摧毀信任？首先，人們通常預期自己說出某些事情之後，對方會保密。當我們以傷人或傷害關係的態度，把對方說過的事講出去，他可能會覺得被背叛，並質疑我們的動機。不過，要是我們把對方說的話當作「律師客戶保密特權」呢？我在從事執業律師時，基於職業道德，從不透露客戶說過的話（除了極少數例外，例如客戶說要去犯罪；幸好這種情況從未發生）。如此一來，客戶便會完全對我坦白。假如我違反保密特權，將會失去執業執照，還有我的生計。當我第一次得知律師客戶保密特權時，心裡想著：「如果我將這項規則運用到所有的溝通中呢？假如私下跟我講事情的人知道我不會說出去呢？」當朋友來找我，想說一些私密的事情，我必定會先說：「我希望你知道我不會告訴任何人你跟我說的事情。我會假裝我們之間有『律師客戶保密特權』，我希望你知道你可以放心跟我說。」將近三十年來，我將這項原則運用於人際關係上，幫助我與他人建立起深厚信任。網球員亞瑟·艾許（Arthur Ashe）曾說：「信任必須靠爭取而來，而且唯有經歷時間才能獲得。」[3]因爲我保守祕密，所以能贏得他人的信任。

第二，前後不一致會侵蝕信任。你是否會經遇過老闆今天這麼說、隔天又改口？或者，他隱晦地承諾要替你升職，但每次要討論升職事宜，他都取消晤談。說一件事、卻做另一件事，顯示那個人不正直，無法被信任。即便不是故意的——或許他忘記了、做事沒有章法、不記得以前講過的話——也會讓人們懷疑，那個人眞的會說到做到嗎？

第三，未能聆聽身邊的人、不跟他們溝通，會導致缺乏信任，但這往往可以修補。凱蒂·迪爾（Katie Dill）在訂房平臺 Airbnb 還是小公司的時候便成爲員工。當時的設計團隊有十人，她很高興能成爲其中之一，那是她的夢想工作。「面試的時候，我得知了公司與團隊所需要的東西。設計團隊的交流分數很低，」凱蒂說，「顯然，設計師、工程師與產品經理之間存在摩擦，團隊的合作並不順暢。」

她急於表現，於是著手立即做出改變。「我以爲事情很順利——改變發生了。可是，進入公司一個月後，我在行事曆上看到一項邀約，十名設計師當中的五名想要找我開會。人資部門的人也被找來了，」她說。這不是好兆頭。

凱蒂忐忑不安地去開會。她一走進房間，她的團隊成員面前堆放著一大疊文件。「他們請我坐下，輪流讀出他們不滿我做的事、不滿我的領導之處，」她說。

凱蒂的情緒高漲，心裡逐漸升高防衛，但她暫停一下，保持沉著，想到卡內基。「我想起卡內基寫到，在這種時刻，我們的本能是去糾正跟我們看法不同的人。但他也寫到，每當我們指責別人時，就把對話導向了防衛姿態，這樣沒有人會好過。我想要跟他們說，他們誤會了，但我決定先聽他們怎麼說。雖然很傷人——那或許是我領導生涯中最嚇人的時刻之一——卻也是強而有力的學習時刻。從他們的話聽起來，顯然我沒有得到他們的信任。他們不明白我關心他們、相信他們、追求他們的最佳利益。我急於改變，卻沒有花時間去認識他們。基本上，我一來就想改變，但我應該做的是聆聽。」

凱蒂認眞把握這個學習時刻，立即設法與他們建立更好的信任。她花更多時間與組員一對一對話，更加了解他們，聽取他們對如何改進的意見。「表達關心與聆聽，是公司轉變的基礎。」她說。

不到幾個月，凱蒂與團隊的努力得到回報，設計部門成爲公司交流分數最高的部門之一。在她從 Airbnb 跳槽到 Lyft 之後，她這次做對了——她一去到那兒，便傾聽團隊、建立信任。

雖然信任是建立穩固關係的關鍵，但信任是脆弱的，難以建立，又容易打破。若不謹愼維護別人對我們的信任，便可能傷害人際關係。史丹佛大學教授凱蘿．羅賓（Carole Robin）和大衛．布雷弗德（David Bradford）在共同著作《史丹佛人際動力學》（*Connect*）中，提到他們險些失去他們花費多年所建立起來的專業關係。大衛是凱蘿的導師，他們對問題的見解不同，但通常可以找到共同目標，迅速解決爭論。

當大衛決定不再教一門課的時候，學校請凱蘿接任，但她提出要求。她知道大衛在那個職位上很辛苦，現在輪到她了，她不願再被視爲理所當然。她要求這門課被稱爲計畫（program），因爲她認爲如此可以吸引更多資金與支持，她亦要求更能反映那份工作職務內容的頭銜。史丹佛大學拒絕了這兩項要求。凱蘿很生氣，把事情告訴了大衛。

「凱蘿，爲什麼妳那麼要求計畫和頭銜？我不明白那有什麼重要的。」大衛說。

「重要的是我必須經歷你現在打過的每場戰役。沒有我所要求的認同，我不認爲我能夠戰勝。」她說。大衛承認那份工作不輕鬆，但不認爲那會是他們陣亡之處。他後來與校方開會時提及凱蘿的要求，然而當校方問他，凱蘿的要求是否有其必要，他說：「嗯，沒有得到那些東西，確實會讓她更難做事，但她可以做到。」

凱蘿聽聞大衛的發言之後，感覺被背叛、誤解。「如果易地而處，我會毫不遲疑地支持你，」她告訴他。回想那段衝突，凱蘿說：「我不確定能否再信任他。」他們仍然必須共事，於是他們做好該做的事，但在工作之外幾乎不講話。

數月後，兩個人坐下來討論他們的關係。凱蘿還在生氣，大衛不理解原因。「想到我不知道下個地雷在哪裡，我就很緊張，」大衛說。早在凱蘿不再信任大衛之前，大衛便不信任凱蘿。很顯然地，他們不信任彼此。

討論數小時之後，他們終於來到核心問題。唯有當他們願意說出心聲，才能化解矛盾。有一度，大衛可以理解凱蘿，說道：「我終於明白妳的想法了，或許這是有史以來第一次。抱歉。」這讓凱蘿覺得她的心情得到理解。「我們的問題糾纏不清……即使我們更加深入探討這些問題，更了解爲何我們有那種反應，也無法美化每件事，」他們寫道。他們還需要努力，不過已恢復足夠信任，可以重建他們的關係。

修復信任有一段長路要走。這項過程需要誠實、承認我們的錯誤，以及別人覺得他們也可以這麼做的環境。

你該如何得知自己沒有得到別人的信任？觀察你的職場或交友圈內，顯示溝通不良或不高興的行爲和肢體語言，例如，談話時抱持防衛心理。人們看到你就不講話？氣氛緊張不安？人們嘲諷懷疑？如果跟你說話的人很有防衛心理，那就是他們不信任你的強烈信號。

假如你知道自己失去某人的信任，可以試著這麼做：

1. 放下自尊。想想如何坦誠面對他們，展現你脆弱且真實的一面，尤其當你在他們生活中是一名權威人士或領導人的時候。

2. 為破壞他們的信任負起自己的責任。檢視你的想法，以及這些想法如何影響你的行動。反省你在這個情況當中扮演的角色。

3. **與他們私下晤談，分享你的反省。**詢問他們的看法，保持開放心胸去聆聽。盡可能設身處地為他們著想，不帶評判地聽他們怎麼說。
4. **評估需求。**找出那個人需要你做什麼以修補破裂的信任，同時告訴他，你需要他做什麼。傾聽並核對以確保你們了解彼此的需求。考慮定期會面以討論進展。
5. **用行動證明自己。**牢記實行自己的部分。俗話說得好：「行動勝於雄辯。」

當我們發現有人不信任我們，便很容易感到警戒或受辱；我們「戰鬥或逃跑」的模式可能會立即啟動。這是一個機會，挑戰我們不只從自己的觀點看事情，也要更加客觀。當你必須跟不信任的人互動，你有何感受？你希望他們對你說些什麼，以增加你對他們的信任？我們無法每次都做對，但重要的是不斷嘗試。感受每次旅程的高峰與低谷，即使你沒有預見它們的到來。

☺ 心理安全感

信任在群體裡也會發揮作用，亦被稱爲我們感到「心理安全」的程度。如同信任對個人關係很重要，心理安全感對一個組織也很重要。心理安全感源於我們在承擔人際風險（分享意見、說出事實、提出艱難的問題或發問等）的時候，所認知到可能產生的後果。如果你發現自己害怕因爲發言而看起來愚笨、無能、消極或搞破壞，那麼無論是在工作會議或家庭中，你都可能感到心理不安全。反過來說，當你相信別人會坦然接受你的看法，你便有心理安全感。

大衛・巴里歐斯（David Barrios）是瓜地馬拉一家五金工具批發公司 HPC 的執行長。作爲新上任的領導人，你最不想做的事，就是詢問人們自己哪裡做得不好——但那正是大衛所做的事，而他在這麼做了之後，建立起心理安全感。

在一次領導會議上，大衛決定進行一項活動，讓大家明白脆弱型信任的價值，因爲他認爲那是共事合作的基礎。這項活動來自於《克服團隊領導的五大障礙》（本章稍早有提到該書），其綱領如下：每個團隊成員都要聽取建設性回饋，有關（一）他們做出的最重要貢獻，（二）爲了團隊著想，他們必須改進或不要再做的一個領域。

輪到大衛的時候，他聽到回饋時，感覺自己很脆弱——意見清一色都是他需要更有同理心。大衛後來跟參加那次會議的人個別談話，詢問更多回饋及指導，以了解他該如何改進。

「當然，聽到那麼大聲的意見，說我哪裡做得不好，並不好受，但我也很高興能夠弄清楚我需要努力的地方。他們以坦白的方式提供回饋，目的顯然是爲了我和團隊能變得更好——那正是我們的目標，成爲更好的團隊！」大衛說。在任何職位上，強悍行事及掌控局面或許更讓人有安全感；但無論我們在何種職位上，都需要聆聽人們說的話，才能有所成長。「我足夠信任同僚，才能對他們展現脆弱，尋求他們的協助，即便我是執行長——或者應該更正說，尤其因爲我是執行長——而他們對我的協助多過我的想像。我可以自信地說，由於他們，我在一對一談話之後變成更好的人、更好的領導者，」大衛說。信任必須有來有往，團隊也必須相信他們可以安全地給予大衛坦白誠實的回饋。

掌舵 TAKE COMMAND

信任需要經年累月才能建立，卻只要短短時刻便會破裂，但它是所有良好關係的基礎。我們不會時常思考我們是否信任親近的人或信任的原因，但在缺乏信任之下，沒有任何關係能長久。當我們思考建立或增強關係時，信任必定是我們第一個想到的因素。

原則：做你自己以建立信任

行動步驟：

- **思考信任在你人生中的角色。**在人生中，你最信任誰？最不信任誰？這些人是如何加強或破壞了你的信任？他們如何對待你、怎麼跟你說話？
- **想想你在人際關係中的表現。**你值得信任嗎？你如何建立信任？你如何破壞信任？你今天可以採取什麼行動，對你關心的人增加信任？

- **我們偶而都會破壞信任。**想想最近一次你破壞了別人對你的信任的情形。採取下列行動來修復信任：
  - ▼放下自尊。
  - ▼負起責任。
  - ▼見面、私下晤談。
  - ▼評估需求。
  - ▼用行動證明自己。

11 放下批評

不要譴責別人，而是試著去了解他們……那比批評更有益、更有趣，而且可以培養同情、寬恕與仁慈。

——戴爾・卡內基

我的老闆史考特・麥卡錫（Scott McCarthy）差不多要結束對我的年度績效評鑑了。在提出正面回饋後，史考特說：「可是，我們仍需要討論一個大問題。」

「是什麼？」我問說。

「這麼多年來，我和很多人共事過，我必須跟你說，你是我合作過最有防衛心的人。你一聽到不喜歡的話，就開始戰鬥。你很有潛力，但若不解決這個問題，你的生涯將會受限。」

我愣住了，不發一語。我逐漸感到憤怒。不瞞你說，那些話很傷人，眞的很傷。「我嗎？他共事過最有防衛心的人？少來了。眞的？」我經歷了訊息消化與否認的階段，但在當下，我只有滿腹疑問。

我可以讓憤怒控制我。我可以轉頭走開，無視他的忠告，而這會傷害我們的關係，且更加證明他的看法。於是，相反的，我說：「史考特，感謝你跟我說這些。但是，不好意思，我不明白。你可以舉個例子，好讓我更清楚嗎？」我只請他舉一個例子，結果他舉了四個例子，每個例子都讓我明白自己的疏失。這不是批評；他是眞心想要幫助我。我後來明白，他跟我講的話是一份禮物。那是我生涯中的一個重要時刻，因爲他幫助我看到我以前沒看到的。

批評——以及我們的反應，是毀掉人際關係的最快方法。卡內基對這個話題有許多要說的，事實上，「不要批評、譴責或埋怨」正是他的第一個原則。「批評是無用的，因爲它只會讓一個人處於防衛心理，且人們通常會設法爲自己辯解。批評是危險的，因爲它傷害一個人的尊嚴，損及他的重要感，引發憎恨。」他寫道，「如果你和我想在明天挑起持續數十年、至死方休的憎恨，只需惡毒批評即可——無論我們是否確定那些批評有道理。」[1]

全球知名心理學家約翰・高特曼（John Gottman）十分了解批評對人際關係造成的傷害。根據他在臨床環境下的研究與數千次客戶諮商，高特曼將批評稱爲關係末日「四騎士」之一。他的研究以高達九成的準確率，預測夫妻是否會離婚，其根據爲四項負面行爲——防禦、築高牆、蔑視與批評。[2]

我們對批評的態度，可能幫助或傷害我們與關心的人的關係。在本章，我們將舉例說明批評與回饋的不同，並說明選擇仁慈將如何維持健康關係。

☺ 批評 vs. 回饋

批評具有破壞性及評判性——不停抱怨一個問題，卻未提出替代方案，只鎖定在「出錯」的地方。回饋（亦稱建設性批評）則具行動性與合作性，點出問題，設法找出解決方案來前進，專注於如何把事情「做對」。

以下是這兩者間差異的例句：

批評鎖定在出錯之處：爲什麼你不能有一次準時呢？

回饋專注在如何改進：我們可以做什麼來幫助你更準時？

批評影射一個人的缺點：你無知又沒文化。

回饋專注於行為，而不是性格：你需要學習什麼來讓你更能扮演好你的角色？

批評貶抑其他人：我不認爲你可以處理這件事。

回饋鼓勵其他人：我們何不一起思考如何做好這件事？

批評會將其他人推開，回饋則會增強連結。批評是有關那個人；回饋是有關解決方案。回饋帶著幫忙的意圖，而非破壞。

☺ 如何處理批評

大家都同意，被人批評很不舒服──有人說我們不對、我們犯錯了，或者我們沒有做好工作──尤其是我們並不認同的時候。人們批評的方式各有不同，有的人公開顯露敵意（我無法相信你做了那種事，你是怎麼回事？）；有的比較有技巧（我確信你那麼做是有理由的。）；有的則是被動攻擊型（假如你沒有那麼做，我們或許就不會到這個地步。）。即使你沒有做錯什麼，遇到這些情況，你的第一直覺是什麼？

如果你和大多數人一樣（包括我），在受到批評時，你的自然反應會是採取防禦、準備戰鬥。「什麼？我做得很辛苦耶！你怎麼可以說我做得不好？」我們可能會這麼說。我們會盡一切去證明別人說得不對。我們解釋、防衛、爭辯及否認。

當我們感覺受傷、必須防衛，便可能會不當地賦予這些體驗過多的分量。雖然無法阻止別人批評，但我們可以決定是否要讓他人的話語影響我們，以及如何影響。儘管我們必須保持開放心態，聽取對我們有幫助的合理回饋，但也必須過濾不合理的批評，不理會那些不值得浪費時間或情感能量的人。當你聽見批評，就自問兩個問題：

1. 這項批評是否來自我信任且尊敬的人？

2. 這項批評是否合理？

第一個問題很直截了當。我信任且尊敬這個人嗎——是或不是？若是肯定的答案，那麼我接受評論，接著進入第二個問題；若是否定的答案，我選擇不予理會。世界上有太多不快樂的人了，不必去煩惱他們說什麼。如果你不相信我，就花幾分鐘去看看隨便一個社群媒體網站的留言吧。

第二個問題較難回答，因爲受到批評等同在情緒上遭受重擊。有人揍我們的話，我們正常的立即反應是進入戰爭或逃跑模式，我們的判斷會受到情緒控制。當我們受到批評，也是相同的狀況。假設我們生氣或受傷，該如何明智地自問那項批評合理或不合理呢？首先，我們需要保持鎮定，說服自己不要往壞處想。我們必須說服自己，讓自己更爲客觀地思索批評。

我成爲卡內基訓練機構執行長大約一年後，公司爲我與主管團隊進行了一項三六〇度評估。在這些調查之中，與你密切合作的人，會以匿名方式被詢問一系列有關你的問題。在這次調查中，我的直屬部屬們要評估我。我收到報告時，對大部分內容感到很高興，但我有點氣惱看到有評語說我可以更加果決。「什麼？我進入這家公司，聆聽我的團隊，諮詢他們的意見，努力合作，結果我被批評說做決策不夠迅速？他們要我更快速做決策？好啊，我可以啊。下次我就直接指示他們要做什麼！」此時，我的理智覺醒。「嘿，冷靜下來。我喜歡、信任且尊敬這些人，他們以前總是對我誠實。或許有些事是我該考慮的。」

我找了直屬部屬們來開會，以詳細了解情況。「首先，感謝各位在我的三六〇度評估提供回饋。我知道做這類評估最簡單的方式，就是忍住真實意見不說，但我看得出來你們並沒有這樣做，而我很感激這點。我需要各位告訴我事實。我重視你們每個人與這家公司，我的目標是持續改進，因此我想要深入討論我的報告裡的幾項建議。我保證不會生氣。我只是想要了解而已。」會議室裡的緊張氛圍開始緩解，交叉的手臂放了下來，大家抬起眼皮。一名主管開口說道：「我很欣賞你採取合作方式，希望我們參與艱難決策。那是好事。只不過有時候，我覺得在我們提供意見之後，你可以更快做出決定。我們不需要全體同意。」其他人點頭，開始發言。我一邊聽著，明白他們說得對。我想要建立集體共識，但或許超過了必要的程度；那表示花在開會的時間更多，而大家的工作量已經很沉重了。最後，我誠懇感謝每個人，我也努力更快速明確地做出重要決策。我的團隊所提供的建議，讓我成爲更有效率、更加果決的領導人。

考倫·紹布（Callen Schaub）是加拿大蒙特婁的藝術家，經常因爲他的藝術而捲入紛爭。他所創作的五顏六色又炫目的鮮豔繪畫，收到數千則留言，不少人說「這是假藝術」或「大家都可以這樣畫」，甚至有留言說：「你眞丟臉，佯裝是藝術家。」[3]這或許會阻止他分享或創作藝術，但他坦然接受批評，並把它變成了藝術。他截圖了數則嚴苛批評，把它們畫在畫裡——而且還賣了數千美元。他承認了批評，用社群媒體標籤「#fakeart」（假藝術）把憎恨的文字蒐集起來。儘管極具負面性，他卻生意興隆，有七十萬名粉絲鼓勵他，爲他留言打氣。

考倫認爲，處理「憎恨者、網路酸民與負面言論」時，有兩個選項。第一，忽視它們，若有必要，封鎖或刪除。「假如你不想或不能浪費情緒能量去處理憎恨，這是一個好選項，」他說，「可是你應該明白，憎恨不會因爲沒有人談論便消失。」第二個選項是以德報怨。「我們都會遭遇一些事情，酸民（通常無意識地）會投射出他們需要幫助、憐憫、仁慈與同理心，」他說。4

評估你是否應該認眞處理批評的其中一個方法，是評估其動機。那是羞辱嗎？其中有任何建設性嗎？你對他們認識多少？你過去跟他們有什麼關聯？如果你自問了這些問題，得到的結論是他們的評語是不合理的批評，或者對方來者不善，那就忽視他們的批評。惡毒字眼令人痛苦；不理會它們，我們便不會被沒有價值的批評牽著走。

有時我們必須願意承認，某人的觀點或許是我們沒有的。卽使對方說的話不中聽，你仍能繼續發問以追究眞相。我聽到批評時，會記下筆記，詢問更多資訊，因爲我視之爲學習的機會。我的目標是篩選一個人的話語，看看在批評當中是否隱藏著回饋。來自可靠人士的回饋，如同在考試前便知道答案。你可以什麼都不知情便參加考試，但若有人透露答案給你，何不接受指導，特別是當它可以幫助你實現你想要的生活？

那正是我們爲何應該用開放的心胸去思考批評。人們的話語中或許存在著事實，卽使我們不想聽到。關鍵在於，避免我們的情緒反應或受傷的情感、戰勝想要學習與改進的欲望。

麥可讀大學時，有一個名叫亨利的好朋友，比他高一個年級。亨利畢業時，麥可說服他考慮去卡內基機構工作。亨利去指導部門工作，而麥可在行銷中心工作。當時，公司的電腦沒有連續盤點系統，因此，麥可撰寫一項計畫以因應行銷中心的需求。麥可以爲亨利可能也會需要這個計畫，於是分享給亨利。

「出乎我的意料，亨利批評了這項計畫，」麥可說，「他認爲應該用不同方式去做，才會更適合他。我整個人洩了氣，因爲我對自己在短時間內做出來的東西很自豪。我的情緒控制了我，我寫了封電子郵件給亨利：『亨利，我是爲自己寫的。不是爲你。』」

日後，亨利還在公司任職的期間，幾乎沒跟麥可說過話。「很長一段時間，我失去了一個好朋友。雖然我們重新聯絡上了，但友誼已不復往昔，」麥可說。麥可對那件事後悔不已。如果可以重來，麥可會說：「謝謝你的回饋，亨利。我會研究如何做些改變來幫忙你。」在人生的大藍圖之中，小小互動便對他們倆人的關係產生巨大影響。

有時候，我們直到事後才赫然發現自己竟是那個批評者。柴克．哈里斯（Zach Harris）與第一任老闆馬克很親近，馬克聘請柴克在他的連鎖飯店工作。隨著柴克的成長、在公司的職位轉換，他和馬克一直是朋友，維持良好關係。當他們工作的飯店被收購之後，馬克離職，去別的公司工作。柴克擔心失業，便和馬克商量有沒有機會進去馬克的新公司。柴克很興奮，他以爲馬克答應了他這個機會。但基於某些原因，馬克失聯了。過了一段時日，柴克聽說馬克雇用了柴克的一名同事，亦卽柴克以爲自己會得到的職位。

柴克感覺被背叛，對於馬克處理事情的方式感到憤慨。柴克開始猜疑，腦中揑造各種故事，卻沒有直接去找馬克。幾個月後，柴克終於打了電話給馬克，跟他說出自己的不滿。

「馬克，我覺得你答應了我這個機會，卻毫無理由地食言。你爲何這麼做？」他問道。當時柴克剛讀完一本書，主題是用開放與誠實來設定專業心態，於是將書中智慧運用到這次對話中。柴克逼問馬克，爲何是他的同事得到那份工作，卻不是他。「我以爲馬克會欣賞我的誠實與直接。然而，馬克沒有對我坦誠，而是把我的話視爲攻擊。他默不作聲，不道歉也不解釋。那是一次非常冷淡的對話。」馬克是如何回應的？他只是回答：「柴克，有時事情就是這樣。」卽使語氣親切，但馬克迅速結束談話。他們已經一年以上沒有聯絡了。

後來，柴克回想他們的對話。他以爲直接的態度可以改善關係，卻適得其反。在這個案例中，更爲柔軟、周詳的方法才能拯救這段關係。柴克的失望、情緒與挫折在對話時全部湧出來，同時，馬克覺得他不必忍受任何人說這種話。

那麼，假如柴克以不同方法處理，會是何種局面？如果他控制自己的情緒，用更爲友善的方式開頭呢？柴克或許可以說：「馬克，我們是老朋友了，你是我重視且尊敬的人。我們說到你的新公司職位時，我以爲可以得到那份工作，所以很意外自己沒有得到那份工作。你可以跟我說明一下情況嗎？」馬克也許比較能夠接受那種方法，而柴克或許也能知道實際情況。這也說明，批評永遠不會起作用。

☺ 如何給出回饋

我在職涯中苦惱了許多年的一件事，就是給予他人直接的回饋。我擔心別人會如何接收我的話，擔心傷害他們的感情，擔心那個人採取防禦姿態或生氣，也擔心吵架會影響我們共事。好長一段時間，我迴避眞正的問題，強調正面事項，對棘手問題則是打混過去。但是，在數百次與人互動之後，我才明白，我應該坦誠待人，尤其是在公事上。我的工作是讓別人發揮最佳實力，做出成果；我若沒有做到這點就是懦弱、不負責任，也不尊重人。況且，我發現大多數人都想要做到最好，也能欣然接受可以幫助他們成長的意見。

有效給出回饋的重點有二：我們的意圖與話語。如果你的目標是讓別人喪氣、低落或貶抑，那是批評——沒有幫助且冷酷。但若你的目標是鼓勵、打氣及支持別人，那是回饋——成長導向、有同理心。有時，我們才是問題所在——我們嚴厲挑剔，無論是有意或無意。我們甚至可能不知道別人是怎麼接收我們的評論。那麼，我們該如何好好給出回饋，既不打擊人們，又能幫助他們成長？

首先，我們必須確定自己的意圖與話語是良性的。你要自問，爲什麼你要給出回饋？你想要達成什麼？第二，考慮遣辭用句及語氣。回頭看看「批評 vs. 回饋」那個段落，大聲讀出例句。你可以聽出，用詞及語氣可以輕易讓人緊張或安心。你的溝通方式必須符合你的意圖。

大學畢業後，卡麥隆・曼恩（Cameron Mann）在一家製造公司找到一份臨時工。

他急於證明自己的價值和勤奮，但整間倉庫都是五十歲以上的人，他是唯一的年輕人。他不確定要如何融入同事之中。卡麥隆有一位同事名叫保羅，六十五歲，脾氣很不好，是個老頑固，總愛擺架子。

有一天，卡麥隆和保羅在修理一臺機器，需要螺絲起子。保羅使用手動螺絲起子，花了很久的時間，所以卡麥隆就建議：「可以用電動螺絲起子啊。」保羅聽到後，便說：「這就是你們這一代的問題。你們就是懶。」卡麥隆有點不高興，因爲他只是想幫忙，於是他沒好氣地說：「應該說我們更有效率。」

保羅氣炸了。卡麥隆知道自己的話不中聽，便道歉說：「我並不是要說你錯了、我是對的。我只是想提議改善我們的績效。」

在那之後，卡麥隆常找保羅談話，向他請益。他首先詢問保羅那麼做的理由是什麼，好了解他的看法。之後，假如卡麥隆找到其他解決方案，便會問說「這麼做好不好？」，而不是直接叫保羅不要那麼做。

因爲如此，他們的關係越來越好。卡麥隆後來獲悉，在他得到這份工作時，他們對彼此便有了成見。保羅後來也會找卡麥隆，詢問如何改進生產線其他領域的產出及節省時間。他們起初互相攻擊，批評對方，但最後在健康的工作環境中成爲了朋友。

掌舵

TAKE COMMAND

「不要批評、譴責或埋怨」正是卡內基的第一個原則。最能迅速破壞人際關係與信任的，莫過於批評。當我們了解學習與成長所必需的回饋，與總是具破壞性的批評之間的差異，我們便能推動自己和別人度過任何關係的困難時刻。

原則：親切地提供與接受回饋

行動步驟：

- **想想你批評朋友，或朋友批評你的時候。**他們作何反應？你作何反應？你希望自己有什麼不同的反應？你們的關係現在如何？

- **想想令你困擾的人際關係。**你或許想向這個人說出你的想法。寫下你的批評，想想換作是自己聽到這些話會如何。現在，把這些話改寫成回饋，使用有建設性、有助益的語言。把這項回饋告訴那個人。給出回饋時，要注意你的用詞、語氣和意圖。
- **想想你感覺受到批評的時候——或許是在工作上或社群媒體上。**問你自己：
  - ▼這項批評是否來自我信任且尊敬的人？我對這個人了解多少？這個人對我了解多少？
  - ▼這項批評是否合理？有根據嗎？
  - ▼練習不去理會不合理的批評，或是不考慮你的最佳利益的人所說的批評。練習在合理的批評之中吸取教訓。

12 應付難搞的人

先聆聽。給你的對手一個講話的機會，等他們把話講完。不要抗拒、防禦或辯駁，這只會堆起壁壘。設法建起理解的橋梁。

——戴爾・卡內基

無論你是誰，住在何處，有多麼和善（或自認和善），或者多麼努力，你都會遇到難搞的人。這就是人生。親戚老是嘮叨你的人生抉擇。同事認爲自己永遠是對的。共同養育子女的人，教養方式和你不同，並拒絕聽從你的想法。「朋友」情緒勒索，要求你全部的關注與情緒能量。面對難搞的人，我們可能很想放手，走爲上策。但這招鮮少管用，尤其是問題人物位於我們世界核心位置的時候。我們不能只是走開，而是要培養能力去應付難搞的人，在無可避免地面對他們時好好互動。

我們該怎麼做呢？不管是我們別無選擇、只能與這個人打交道，還是我們有信心挑戰並建立更好的關係，我們首先要學會的是管理自我。你或許會訝異，應付難搞的人，其實跟他們本人或他們的行爲沒有多大關係；重點在於我們對互動的想法與做法。我們無法控制他人，但可以控制我們的反應。在本章，我們將討論面對難搞之人的四個程序：

1. 建立健康界限
2. 說明你的界限
3. 聆聽
4. 取得第三方觀點

☺ 建立健康界限

跟討厭的傢伙打交道，要由你自身做起。首先，你有設定別人怎麼對待你的界限嗎？或者是由別人來決定？所謂的界限是指「我們在人際關係當中爲自己設下的限制與規則」。大多數人弄不清楚何謂界限、對關係有何影響。當我們建立健康界限，便能放心地在必要時拒絕別人，但同時保持開放、與人往來。

一開始，你或許會害怕設定界限，尤其是如果你在成長過程中，總是認爲給出「是的」以外的回答會挑起衝突，那麼，拒絕別人更是等於直接開戰。比如說你正在工作，主管要求你接下一件緊急項目，但你手上已經有三個最後期限將屆的案子，你知道自己不能再接其他工作，卻什麼也沒說就同意了。現在該怎麼辦？你的壓力爆表，忙到精疲力竭，不停抱怨黑心老闆。但你有跟主管講過你的情況嗎？

事實上，如果你從來不設定界限並告知他人，就不能老是責怪別人用你不喜歡的態度對待你。我們或許會因爲害怕丟掉工作或破壞關係而不敢說出來，歸根究柢都是出於恐懼。說出界限，並不意味著你關愛的人會拋棄你，或老闆會開除你；這其實是對話的開端，讓你們合作共創更好的關係。即便這些恐懼可能會發生，但你才是自己人生的掌舵者。記得我們在第一章〈選擇你的想法〉談到那些我們對自己說的話嗎？我們往往在腦中捏造虛假故事，因此會畏懼預期的結果。你得盡量客觀看待情況，在對話時堅守自己的界限。

全職主婦卡門．米地那（Carmen Medina）一週和姊姊艾莉西亞通電話一次，因爲她們距離一千五百英里。每次講電話，艾莉西亞便批評卡門的兒子丹尼爾及媳婦伊莎貝兒，嘮叨她兒子和媳婦的關係、他們教養小孩的方式和他們對信仰的態度。艾莉西亞是非常虔誠的人，丹尼爾與伊莎貝兒則不是。她非常擔憂他們的靈性健康，總是催促卡門「和他們談談」，讓他們「振作起來」。卡門絲毫不介意丹尼爾與伊莎貝兒的生活方式，也不希望艾莉西亞干涉小倆口的家庭。「我不想再聽了，但我也不想切斷和姊姊的關係，」卡門說。

幾個月以後，卡門受夠了。「我思考了我願意聊的，以及超出我界限的，然後決定跟艾莉西亞講，」卡門說，「起初，我很害怕，但還是說了。我告訴她，我仍然希望維持和她的關係，但不想再討論丹尼爾與伊莎貝兒，」她說。卡門告訴艾莉西亞，她的話很傷人又沒有幫助，也叫她把丹尼爾與伊莎貝兒列在她們聊天的範圍之外。「剛開始很糟糕。她完全不理解，於是提出辯駁——但我不需要她理解。我只需要她尊重我的願望，她後來做到了，」卡門說。卡門持續把姊姊當成家人，她們的關係沒有改變，只不過是她設定了界限而已。

卡門的故事說明，維持關係並不表示可以讓別人踐踏我們；我們可以設立界限，但仍然關心他人。對我們生活裡的人設定與實施健康的界限，能幫助我們建立並維持堅固的關係。

了解自己的界限需要花一些時間。大多數人無法設定抽象的界限——一般來說，你必須在遭遇事情或狀況時才會思考。臨床心理學家布蘭妮·布萊爾（Britney Blair）表示，建立界限最重要的一點，是了解什麼是界限。「設定健康界限的第一步，是明白自己的希望與需求，然後從這裡著手。」[1]發生棘手情況時，得花時間設定你可以接受的界限。

說明你的界限

你可以設定界限，但如果不對外說明，也是白費功夫。當我們爲了迴避爭吵而不再跟身邊的人講話，便會滋生負面情緒。雖然逃避可能比較輕鬆，但說出我們的需求，才是讓我們的需求得到滿足的第一步。

接下來是傳達的方式。即使是一模一樣的字眼，我們可以講得親切或冷酷；對別人影響最強烈的，往往是我們說話的方式。以前，麥可必須跟比爾協商，後者曾經任職於麥可的公司，擔任銷售人員。比爾的父親也是這家公司的老員工，在他過世後，麥可必須跟比爾討論交接的事。早在這種棘手狀況之前，比爾便是很難相處的人。在之前的每次談話中，比爾都很可惡、不成熟，讓麥可覺得他是個混蛋。麥可也不想談，但他明白這次協商很重要。他思考過他能忍受與不能容受的，堅決不讓比爾蹂躪他。「我們開始對話時，我就跟比爾說，他要是大聲吼叫，我會給他一次警告。要是他再不能好好跟我講話，那這場對話就結束了。」雖然麥可不喜歡比爾，但他和善且明確地告知他的界限。

會談中，比爾一度提高音量。「比爾，」麥可平靜沉著地說，「這是第一次、也是唯一一次的警告。你要是再大聲，我就要中斷會議。但我想留下來討論事情，我希望你也是。」比爾看著麥可，深吸一口氣，控制自己。由於麥可花時間設定了界限，並且跟比爾說明，因此避免了令人頭痛的爭吵，成功達成協商。

當然，你的界限會受到挑戰，並不是每個人都能接受你的界限；臨床心理學家暨心理健康部落格Mindsplain創辦人麥可・金賽（Michael Kinsey）博士建議採取「跳針」（反覆播放）的方法。「在最難設定的關係界限中，『不』這個字被默默地視為禁忌。……以你習慣的方式，委婉、有技巧地設定界限。假如你想要寬宏大量一些，根據他人對界限的反應，你可以提醒他們，你已經做出回應了，希望他們尊重你的意願。」在極端抗拒的案例中，金賽博士說：「如果需要更為堅決的方法，那就是直接拒絕。然後再次拒絕。一直說『不』，語帶自信、毫不客氣、毫不猶豫，直到結束糾纏為止。倘若一直糾纏不清，便退出對話。」[2]

☺ 學習聆聽

發問，才能更加了解他人的看法或他們為何會有那種做法。想要做到良好聆聽，則需要客觀地傾聽，不要讓自己的情緒與反應阻擋你聽見別人的觀點。這並不是簡單的技能。

琵莉亞・威爾森（Priya Wilson）經常開車載她的盲眼公公德瑞克去看醫生。有一天早上，他們在車上聊起琵莉亞的丈夫奧斯汀，也就是德瑞克的兒子。他們父子關係不好，因爲奧斯汀對德瑞克養育他的方式很不滿。德瑞克跟琵莉亞說：「我不知道奧斯汀昨晚幹麼衝著我發火。」在每週一次的晚飯中，這對父子聊到了成長與奧斯汀的童年，德瑞克說：「我一直搞不懂爲什麼你小時候跟我撒那麼多謊話。你知道你什麼事都可以跟我說的。」

奧斯汀聽到後嚇了一跳，這跟他的童年印象完全不同。他說：「爸，每次我跟你老實說什麼，你就把我禁足，搧我耳光，或奪走我喜歡的東西！我什麼都不能跟你說，因爲那不安全。」德瑞克極爲震驚，小聲地說：「嗯。我很累了，我要去睡了。你回去吧。」

奧斯汀離開父親的房子，回家後把一切都跟琵莉亞說了。她了解奧斯汀從童年以來承受許多傷痛，因此，當她聽到德瑞克說他不懂奧斯汀幹麼對他「發火」時，她被激怒了。她想要爲奧斯汀講話，但她想到：「嗯，那有什麼用處？德瑞克明顯不高興。現在不需要火上加油了。」所以，她沒有發表自己的觀點，而是說：「是啊，你們兩人對事情的看法似乎完全不同。你在妻子過世後獨自一人撫養兒子，那是什麼情形？」

「我的妻子過世後，奧斯汀才十四歲。他才剛開始產生獨立感，艾美便住院了。過了兩個月，她就走了。」德瑞克聲音哽咽地說，「我想要照顧奧斯汀。可是，妻子是我的一切，我不知道該怎麼辦。一切來得太突然。我想要保護他的安全，而且我自以爲我跟他可以無話不談。我猜，我比我以爲的還要更加嚴厲，因爲我不知道該怎麼做。」

「我甚至無法想像那是什麼情況，」琵莉亞說，「你們兩人一定都很痛苦。」德瑞克也是這麼認爲。此時他們抵達診所，對話戛然而止。原本可能是一次爆炸性的對談，最終以互相理解收尾。

先傾聽再做出反應，能夠給我們空間看到對方的立場。卡洛斯．古比亞（Carlos Cubia）想要打造人們可以誠實表達看法的安全空間，即便他們的意見可能是冒犯或傲慢的。身爲沃爾格林博姿聯合（Walgreens Boots Alliance）公司資深副總裁暨全球多元長（chief of diversity），卡洛斯於二〇二〇年看到其他公司發布聲明，在黑人喬治．佛洛伊德（George Floyd）遭到殺害後，那些公司譴責社會上的偏執與系統性種族歧視。其中一些純粹是空泛的公關稿；另一些則眞正反映公司與領導人的價值觀。

卡洛斯審視自家公司，他希望眞正反映員工意見，但也明白並不是每個人都支持對抗種族歧視的觀點。一些員工認爲種族歧視並不存在，或是不了解發生的狀況，正因如此，他們更需要用眞心與周全的關懷來面對這個議題——他希望人們做出正確的事，同時不會感覺自己被冒犯。

卡洛斯決定，無論員工在情緒上或政治上的立場如何，他想要給他們發言的空間，而不會受到批判。他想到卡內基的第一項原則——「不要批評、譴責或埋怨」。因爲卡洛斯是有色人種，他注意到白人男性來跟他說他們不是種族歧視者，但他們也不是反對種族歧視者。他們是來尋求協助。

「如果我們想要營造公開對談與勇敢對話的安全空間，便不能批評人們的想法，或是他們這些年做過或沒做的事，」卡洛斯說。在某些圈子裡，這些男性可能會被批評或譴責，但卡洛斯看到他們想要尋求教育和協助，好讓他們自己成爲代言人與盟友。

爲了讓人們安全地分享自己的故事，卡洛斯覺得他必須不帶批評地聆聽。「這個國家極爲分歧——不只是這個國家，整個世界都是——存有『我們 vs. 他們』的心態，」卡洛斯說，「我或許永遠不會同意他們的看法，但他們有權表達他們的感受，如同你我有權表達自己的感受。我不會爲此而譴責你。」當然，這並非總是有用的——特別是在人們拒絕合作或誠實對話的時候。我們將在稍後的段落「何時該結束關係」，深入討論這點。

☺ 取得第三方觀點

我們都有腦筋不清楚的時候。有時，我們不是處於最佳狀態中，無法判斷我們與難以相處的人之間所發生的事。此時，不妨請教第三方的意見。我們把事情說出來之後，便能更加清楚事情的原由。你可以找信任的朋友、導師、心理諮商師談一談——任何會考慮到你的最佳利益、又能中立地看事情的人。你可以請教這個人在這種情況下會怎麼做，或者他是否認爲你反應過度。

全球最具權勢的女性之一，百事公司前執行長盧英德（Indra Nooyi）曾經說過：「不管誰說了什麼或做了什麼，都要假設其意圖正面。你將訝異地發現，你對人或對問題的態度將全然改觀。」[3]

跟其他人談一談，亦可幫助我們了解，有時我們自己才是難搞的人。

在我的職涯當中，曾經遇過一位出色員工傑克，他管理一個人型部門。傑克自豪的是，他對其團隊的支持是讓他們自行解決問題。「我不會寵溺他們。我們都是大人了，想要成長的話，就必須面對並解決自己的挑戰。我最不想要的就是去做別人的工作。」

他也很不客氣。「我沒理由包裝我的意見。我討厭人們言不由衷。我應該給他們直接、坦白的回饋。他們應該要能夠承擔，如果不行的話，他們的皮或許應該厚一點，」他會這麼說。

問題是，我們有時都需要一些幫忙，但傑克並不明白這點。有一天，他的直屬部屬梅伊走進我的辦公室，顯然跟傑克鬧翻了。「他不可理喻，」梅伊說，「他期望我們無所不知。每當我們要求協助，他就說：『自己去解決。』他不想聽。」在這之後，為了解決這個問題，我們聘請一名外部顧問對傑克的部門進行評估，包括訪談團隊成員、實施匿名調查。結束評估後，顧問告訴我們，該部門士氣如墜深淵。當傑克看到結果與調查所得到的意見，他呆掉了。「我不明白。對於他們為何有這種感覺，我毫無頭緒。」一方面，我們可以回答：「真的嗎，傑克？你怎麼可能毫無頭緒？你都在幹什麼？」但另一方面，我們都有盲點，要是別人不跟我們講，我們便無從得知。值得讚賞的是，傑克聽取了這次回饋。我們提議請一名職涯教練跟他一對一合作，他欣然接受這項提議。接受指導數個月之後，傑克對同僚建立起同理心，學習用熱忱領導，而不是控制。

如同傑克從不認為自己是難搞的人，許多人並不知道別人是怎麼看自己。其解決方法往往是第三方回饋，或許是評估的形式，或許是來自信任的朋友或同事。多年來，我習慣請共事者幫忙。我會提出問題，比如「我眞的想要繼續做個更好的領導人。你認爲我可以做什麼事來改進？」，如果那個人說「我想不出任何事」，接著我會說「好吧，沒有人是完美的。我當然也不是。一定有什麼事是你認爲我可以做得更好的，卽便是小事」。這招通常管用。那個人可能會想一下，然後說：「嗯，我猜你可以……」我會聆聽，我不會插嘴或打斷他的話。我閉緊嘴巴，直到他講完。然後，我嘴裡吐出的第一句話會是：「感謝你。眞的很謝謝你的回饋。」卽使我不同意或那些話令我感到痛苦，我也會這麼說。我會請他講清楚（我很小心地用不具防衛性的方式去詢問），好讓自己能更加理解。我也可能會說「再多跟我講一點」，但我不會爭辯。我想要確保人們能夠自在地分享回饋。

如果你面對難搞的人，或者你擔心自己難搞，就請別人幫忙。

☺ 何時該結束關係

有時候，你已無法再做些什麼，或者不該再做些什麼去修補一段關係。當我們發現自己處於一段有毒的人際關係中，讓我們情感受傷或枯竭、經常性情緒低落，便應該重新評估這段關係是否值得挽救。加州州立大學心理學教授凱莉・坎貝爾（Kelly Campbell），同時也是兒童發展與家庭關係研究院副院長，指出有毒關係「對一個人的健康與福祉具有不良影響……關係良好時，我們通常也很好。但是，關係不好時，我們的健康與快樂便可能受到負面影響。」[4]這不僅是指戀愛關係，亦適用於友誼、家庭和職場關係。

有毒關係會造成心理與情緒的傷害，有時甚至是身體傷害。最嚴重的警訊是任何種類的身體暴力，但困難之處在於，不健康的行爲未必像毆打或搧耳光那麼明顯。你是否發現自己小心翼翼，以免觸怒某人？你對於關係的投入是否多過對方？如果你發現自己跟這個人相處之後不快樂或耗盡心力，如果你感到悲傷、焦慮或憤怒，抑或你不喜歡跟那個人相處時的一切事情，這段關係便不值得挽救。假如他一直傷害你、打擊你、拖住你或讓你感到自卑，這就是那段關係對你沒有好處的訊號。

結束有害關係可能很困難，但我們必須記得，儘管困難，不做的代價可能更高。有時，「絕交」可以很簡單，只要不主動聯絡就好——不先傳訊息或打電話給他；當他終於聯絡你了，冷處理，不要答應再花時間跟他在一起。你可以在社群媒體上取消追蹤或刪除好友，拒絕所有可能見到那個人的社交邀約一陣子。換句話說，不一定要一直發生衝突。

然而，有些情況需要強烈行動。崔莉娜以前是個銷售顧問，曾經在一個差勁的執行長手下做事，他名叫羅曼。他對員工實行微管理，期待大家配合他的想法與做法，一不順心就開除人。他的態度在公司裡產生了有毒文化，崔莉娜想跟他討論這點，然而當她表達自己的憂慮，他便揚言要開除她。「氛圍糟透了。我們時時刻刻都很害怕。羅曼不只是口頭威脅而已，他已經開除了很多人，」她說。

這種情況持續了幾年，無論她溝通過多少次自己的界限，羅曼仍視若無睹地踐踏。崔莉娜努力擺脫她的老闆，因爲他不尊重她的下班時間，在她休假時用電子郵件與工作要求轟炸她，期望她全年無休地待命。「我知道必須做出改變，於是我預訂了在遙遠小島的飯店，那裡沒有網路，爲的就是完全失聯，」她說，「我討厭被動攻擊，但我已無計可施，需要一些空間。」

崔莉娜休假回來後，她已知道自己該怎麼做。「我思考過這種壓力是如何侵蝕我，讓我夜不成眠。羅曼不尊重我的私生活，已影響了我的家庭。我受夠了，」她說。儘管有許多機會，羅曼顯然不打算改變自己的行爲。但是，他是執行長。要申訴執行長，就得去找公司董事會。「向董事會舉報執行長的話，你可以預期自己會丟掉工作，」崔莉娜說。

崔莉娜去找董事會，告訴他們羅曼營造的有毒文化，以及員工們受到了何種影響。「我已準備好被解雇，但我很訝異董事會進行了調查，並開除了羅曼，」她說。

無論終結關係時是簡單或混亂的，你都需要時間慢慢復原。不管你們多麼親近，或者你在結束關係後鬆了一口氣，失去一段關係就是失去一段關係，你必須讓自己處理這種情況。

在我們設定界限之後，有時，後果會以我們意料之外的方式改變情況，可能更好，也可能更糟。這沒有關係。我們不應爲此而放棄堅持自己的理念與做出正確舉動。崔莉娜完全放下對自己工作的依賴，接受她可能失業的事實。說出心裡的話，執行她的界限，是她最好的選項——即使可能被開除。當我們終於決定對艱困局面採取行動，無論事態如何發展，我們都能得到心中的平靜。

掌舵

TAKE COMMAND

有時，應付艱難關係的唯一方法，是重新思考我們對待他人的態度。我們無法控制他人，唯一真正能夠控制的，只有我們自己。要處理最困難的對話與人際關係，往往需要我們在開始對話前，先想清楚我們願意及不願意容忍的事情。

原則：建立與說明界限，並且知道何時該離開

行動步驟：

想想人生中跟你關係不好的人。進行下列練習，寫下你的反應：

- **建立健康界限。**在這段關係中受到尊重，會是何種情況？你何時感覺不受尊重？想清楚你在這段關係願意及不願意容忍的事情。
- **說明你的界限。**如果不說出來，界限便沒有意義。盡快跟他人說明你的界限。你如何用堅定但和善的方式來說明你的界限？
- **思考你的聆聽技能。**思考你最近幾次和那個人的互動。你有好好聆聽嗎？你有可能用更好的方式聆聽或溝通嗎？修復這段關係的關鍵，或許是找出你們能夠彼此聆聽的方法。
- **取得第三方觀點。**如果一切方法都失敗了，跟第三方談一談，讓你從不同角度來看待情況。有誰是你可以信任、可以討論這件事的？考慮既與你熟識、又能中立地看待事情的人。他們或許可提供建議，幫助你前進。

13 設身處地為人著想

要記得，別人可能徹頭徹尾地錯了，但他們可不這麼認為……要試著理解他們。唯有智慧、寬容、卓越的人，才有能力嘗試這麼做。

——戴爾・卡內基

布萊恩・雅布隆斯基・強森（Bryan Jablonski Johnson）和朋友亞當在大學時期形影不離，他們一起去旅行、花許多時間一起讀書準備考試、參加專業體育賽事、去健身房運動。然而，幾年下來，布萊恩發現他們的友情開始分裂，尤其是當他在臉書上看見亞當發表的政治性貼文。雖然某些貼文和他的立場完全相反，讓布萊恩非常驚訝，但布萊恩還是把這些看法留在心裡。他們會在彼此的非政治性貼文底下互相留言，並避免討論敏感話題。

這種逃避的習慣，在他們某天終於討論到政治時爆發了。有一天，亞當發表了一篇貼文，布萊恩認爲對移民來說實在太具侮辱性了，於是就在下面留言，對亞當的言論表示強烈的反對。亞當馬上就回覆了，並攻擊布萊恩本人。亞當似乎是把長年以來對布萊恩政治傾向所壓抑的不滿全部釋放出來；布萊恩也激烈地回覆，然後就被亞當封鎖了。他們好幾年都不會說過話。「早知道，當時我就該傳私訊或打電話給他，了解他爲什麼那樣想。我過去一直認爲『他有權利維持自己的想法，我就不多過問了』，但他也是這樣想。我們從來都沒有眞正地溝通過。」也許布萊恩和亞當在這些議題上永遠無法取得共識，但他們本來有機會試圖理解對方爲什麼會那樣想。

爲何我們如此難以理解別人的觀點？首先，我們對自己的看法投入了很多，希望能有自信地認爲自己看待世界的方式是「正確的」。當我們遇到質疑自己看法的人或想法，就會感覺被威脅、產生不確定感。我們會覺得對方似乎在攻擊我們，以及我們的自我價值。我們可能會在眞正理解對方的想法之前，就進入戰鬥模式並做出反擊。我們可以從自身經驗得知，這通常都不會導致什麼好結果。在卡內基機構，必須培養一種我們稱爲「內訪」（innerview）的能力（這不是打錯字——想想「內在觀點」（inner view）和「訪談」（interview）），以加深自己與他人的連結。我們會用三組不同的問題來加深對彼此的了解，分別是：**事實問題**，是針對對方人生所發生的基礎事實；**起因問題**，是針對某些事實問題背後的動機；**價值觀問題**，可以幫助我們了解對方最重視的是什麼。

以下是幾個事實問題的範例，你可能老早就被問過很多次了：

1. 你在哪裡長大？
2. 你的興趣是什麼？
3. 你的工作是什麼？
4. 你的家庭是怎麼樣的？

事實問題是很重要，但只能觸及表面。我們都曾被問過這類問題，而且自己也覺得自己的答案很無聊，然而這確實能幫助我們和他人建立關係。

下一個步驟是起因問題：

1. 你覺得在那個地方長大是什麼感覺？
2. 這件事是如何變成你的興趣／這件事的哪一方面讓你喜歡？
3. 你為何選擇這個領域的工作？
4. 你覺得在這個家庭中長大是什麼感覺？

這些起因問題都無法用簡單的是或否來回答。當我們用「怎麼」或「什麼」來問問題，就可以讓對方花一點時間解釋，這能幫助我們更加了解對方。

接下來是價值觀問題，這可以幫助我們傾聽對方的信念和經驗，以便眞正理解其內心。這是人們很少會問的問題：

1. 跟我說說某個在你人生中對你產生重大影響的人。
2. 如果可以重來一遍，你想改變什麼事？
3. 回顧目前為止的人生，跟我分享你的轉捩點。

4. 跟我說說某件你認為是人生巔峰或者最驕傲的事。
5.（麥可喜歡在這邊額外加入這個問題）你選擇回答這件事作為你的人生巔峰，這反映了對你來說什麼是最重要的事？
6. 跟我說說某個你情緒最低潮的時期。你是如何度過那段低潮的？
7. 如果有人向你尋求建議，你會跟他分享什麼智慧的話語？能不能將你自己信奉的哲學濃縮成一兩句話？

當我們討論這些問題的時候，無可避免地就會建立起同理心，也就是共享和理解他人感受的能力。著名心理學家暨科學記者丹尼爾．高曼（Daniel Goleman）在《ＥＱ：決定一生幸福與成就的永恆力量》一書中寫道：「利他主義的根源就隱藏在同理心之中，也就是觀察他人情緒的能力。如果不理解他人的需求或絕望，就無法關懷別人。現在這個時代所需要的兩種道德態度，就是自制力和同情心。」[1] 我們要透過他人的雙眼來看待這個世界，才能培養出共情能力，才能透過那個人的雙眼來看見我們自己，並用全新的方式理解。

柯絲蒂・泰格（Kirsty Tagg）的第一份工作是在英國一家兒童鞋店當店員。某天一位媽媽帶著兒子走進店裡，柯絲蒂立刻就能看出他情緒不佳：他不停鬧脾氣，而且馬上就要哭了。由於柯絲蒂的自身經驗，她能分辨出那個小男孩屬於神經多樣性（neurodivergent）*之人，而且現在感到不舒服。「我有一位兄弟是自閉症，如果我想跟他交流，就只能保持無比耐心，從他的角度看待事物，輕聲細語地說話。所以，當我看見那位媽媽走進店裡，我就對自己說：『我很好奇他現在是什麼感覺？會不會是害怕把鞋子脫下來？會不會是待在這裡讓他感到不舒服？』」柯絲蒂把自己的鞋子脫掉，在小男孩身旁坐下來，開始和他說話、和他玩。她無視店內其他顧客的眼光，甚至與男孩一起在地板上滾來滾去。奇蹟似地，男孩冷靜下來，開始小聲地和柯絲蒂說話。她請他試穿一雙鞋，他說很喜歡，他的母親也心滿意足地購買了。那位母親很感謝柯絲蒂，並成爲一位忠實顧客，每次來店裡都指定要找柯絲蒂。

* 譯注：「神經多樣性」意指以多元特質詮釋人腦差異，而非病症。

柯絲蒂活用她個人的經驗，讓那個小男孩感覺舒適了不少。如果沒有這樣的觀點，她就無法像那樣和他進行交流。

假如我們沒有共通的經驗，就必須下定決心傾聽、學習、嘗試理解他人的觀點。當我們面對一位朋友或同事和我們意見不同時，第一件要做的事就是掌控我們的情緒。記得，我們要注意到情緒，區分它是否對我們有幫助，然後選擇是否放下它。接著，我們必須評估眼前的情況。當我們的立場被質疑時，我們是否預設別人抱持著正面或負面的意圖？我們必須問自己：「這個人單純只是持有不同的意見，這眞的代表他對我有惡意嗎？」我們要把自己從這個情境中抽離，保持好奇心。我們要徹底理解那個人所相信的——徹底到我們可以向別人說明那個人的立場，就彷彿那是我們自己的立場一樣。他們爲什麼相信這個想法？當我們不對他人的想法和情緒抱持批判或評價，就能眞正和他人交流、彼此理解。

缺乏同理心及觀點，我們便很容易「製造觀點」，而不是「接受觀點」。我們當然可以在開啟對話時，意圖使人改變心意，或向對方證明他錯得有多離譜，但這不會有任何結果。如果我們眞的想要理解別人，就必須願意去體會他們眞正的經驗，而不是我們所想像的他們的經驗。有時候，阻擋我們從他人的角度看待世界的，反而是我們自己所相信的故事。

你是否曾經停下來思考你所知道的關於他人的故事，還有這些故事如何影響了你的人際關係？奇瑪曼達・恩格茲・阿迪契（Chimamanda Ngozi Adichie）是一位奈及利亞作家暨劇作家，很早便開始閱讀與寫作。因為她只能取得這些書籍，所以她主要閱讀的都是英國和美國童書，裡面描繪著金髮碧眼的孩子玩雪、吃蘋果，四季總是在變換——這些活動對她來說都是異國文化。

在容易受到影響的敏感年紀，奇瑪曼達開始認為，所謂的書籍就是要描寫外國人正在做她無法體會的事情，否則都不叫書籍。當她接觸到奇努阿・阿切貝（Chinua Achebe）或卡馬拉・萊耶（Camara Laye）等非洲作家的著作後，她對故事的觀點開始改變：「我才發現，原來像我這樣的人，有著巧克力色的皮膚、頭髮卷曲到無法綁成馬尾的女孩，也能夠存在於文學作品當中。」

數年後，奇瑪曼達離開奈及利亞，到美國讀大學，她的美國室友問她英文是如何學得這麼好的，卻不知道奈及利亞的官方語言就是英文。因為那位室友對奈及利亞的了解實在太少，她也以爲奇瑪曼達不知道怎麼使用火爐。她問奇瑪曼達能不能聽聽看她們的「部落音樂」，然後對於奇瑪曼達所播放的瑪麗亞・凱莉（Mariah Carey）的歌曲感到失望。那位室友對非洲的理解眞是一團糟。

奇瑪曼達說：「在她的想法裡，非洲人不可能跟她有任何相似之處，不可能在自憐自哀之外還有複雜情感，跟其他人不可能產生連結。用一件事去形容一個人、認爲他只是那一件事，一再重複，他們便會變成那樣……那個故事製造了刻板印象，刻板印象的問題不是在於不符合事實，而是它並不是完整的事實。它讓其中一個故事變成唯一的故事。」

假如透過自己狹隘的目光來看待他人，便無法眞正了解他人，也就無法和身邊的人眞心交流。要有意願理解他人，才能產生同理心、建立關係。

當我們在跟周遭的人說話時，必須克制衝動，不要用自己的經驗和信念來批判對方。卡內基寫道：「要試著理解他們。唯有智慧、寬容、卓越的人，才有能力嘗試這麼做。別人的想法和舉止都有他自己的理由，找出這個理由，你就能理解他的行爲，也許還能理解他的性格。」

卡拉·努南（Kara Noonan）和她十五年來的好友在疫情期間起了點衝突。朋友在電話裡提到，她並不信任疫苗，不打算去接受疫苗注射。卡拉說：「我個人感覺受到了冒犯。我母親在二〇二〇年七月被診斷出癌症，有很高的染疫風險，我親眼見證她在生活的每個方面有多麼小心謹慎。想到我的朋友竟然如此自私、不想保護我母親，讓我非常憤怒。」

幸運的是，卡拉沒有讓情緒掌控自己。她停下來，回想起這是自己最好的朋友，她想維持這段友誼。

卡拉告訴她：「我很愛妳，即使妳不去打疫苗，我們仍然是很好的朋友。」雖然這很困難，但卡拉還是很平靜地向朋友分享醫生對媽媽的所有叮嚀，還有新冠肺炎可能對癌症患者造成什麼風險。卡拉告訴朋友，她非常感激有疫苗，因爲她認爲疫苗可以給媽媽額外的保護。

卡拉想要更加了解朋友的想法。她的朋友當時懷有身孕，還有幾個年紀尚小的兒子。卡拉問她，如果自己的兒子受到疾病的威脅，她會有什麼感覺？這個問題幫助她們釐清了彼此理解的缺失部分。朋友認爲沒有研究可證實疫苗對孕婦是安全的，所以感到擔憂。當卡拉了解朋友的恐懼後，立刻就對朋友的立場產生了一種不同境界的感同身受。

在對話結束的時候，朋友說自己會保持開放的心胸。她說：「我在意你媽媽的健康，這對我來說很重要。」

卡拉和朋友對話的時候，並沒有意圖要改變對方的想法；她想要了解朋友的決定，也和朋友有情感上的聯繫。她打從一開始就很清楚，自己並不想傷害這段友誼。透過這場對話，卡拉明白她們雙方都希望能給家人最好的照護。

從這次的經驗中，卡拉了解到，每當要進行艱難的對話前，都要先有一個明確的目標。她說：「假如你想試著了解對方的觀點，首先就必須將對方視爲一個活生生的人，眞正努力去了解自己從他身上得到的資訊，而不是讓情緒掌管一切。唯有當我們眞心希望了解對方的看法，而且彼此都不期望對方改變，才能進行一場健康的對話。」

掌舵

TAKE COMMAND

在人生中，要了解其他人，我們所能做的最艱難、但也最有意義的事，就是考量到他人的觀點。很困難、但也很重要的是，要理解每個人都有不一樣的觀點，而每一個參考框架都是有侷限的，即使是我們自己。只要學會更加誠實地看待自己的觀點、更加感同身受地看待別人的觀點，就能幫助人們感覺自己被看見、被理解，如此便能加強我們的人際關係。

原則：試著誠懇地從他人的視角來看待事物

行動步驟：

- **練習同理心。**想一想可能有什麼事情導致他們那樣想？他們今天過得怎麼樣？他們成長的過程是如何？你對他們的信念了解多少？你是否了解他們是如何形成這樣的信念？

- **利用你的個人經驗來理解他人的經驗。**想想你自己的人生經驗。你是否了解他正在經歷什麼？你有沒有處於類似情況的個人經驗？利用你的人生經驗，試著更加理解別人。
- **積極傾聽並理解他人的感受。**有時候我們必須更加深度地傾聽，才能真正理解他人的想法。詢問他們問題，以便深入理解他們，然後向他們重複剛才你聽到的答案，表示你理解他們了。如果對方回答「你真的聽懂了！」，那你就是走往正確的方向。
- **保持開放的心胸。**通常，最大的挑戰就是拋棄自己原本的觀點。先把自己的看法放在一邊，並對他人所分享的事物保持開放的心胸。

第 3 部

掌舵你的未來

FIND YOUR STRENGTH,
BUILD ENDURING RELATIONSHIPS,
AND LIVE THE LIFE YOU WANT.

讀到這裡，你已經很棒了，掌舵了你的想法、情緒和關係。現在該來談一談你想要對世界產生的影響。我們想要過什麼樣的生活？我們想要留下何種傳承？生活是由每天做出的小決定所組成，如果我們不留意時間，那些時刻將快速溜走。想清楚對我們最重要的事情，是在世上做出改變的第一步。

在第十四章，我們將設定價值觀與目的，釐清我們的驅動力。在第十五章，我們將擘畫未來願景，幫助我們實踐價值觀、塑造我們想要看到的世界。前兩章聚焦在我們想要的生活，第十六章則導引我們的方向，朝向我們希望建立的社群。沒有人可以獨立完成任何事，包括遠大的願景，所以，下一步是找到具有相同願景與價值觀的社群。最後，我們將談到，有意義與有貢獻的生活意味著什麼，也就是在世上做出改變，無論改變是大是小。

我們每個人都必須對周遭的世界負起責任，不能當個被動的參與者。掌舵我們的價值觀、目的和願景之後，便能創造我們想要生活的世界。讓我們挑戰自我，為世世代代打造更美好的世界。

14 有意義的人生

我所知人性最悲哀的一點是我們都會拖延生活。

——戴爾·卡內基

丹妮拉·佛南德茲（Daniela Fernandez）出生於厄瓜多，一個以高山峻嶺、亞馬遜雨林與加拉巴哥群島而聞名的地方。「我在大自然與棲息地的環繞下度過童年，我對環境的喜愛來自於那段成長過程。七歲時，我搬來芝加哥。你可以想像，從美麗、原始、雄偉的生態搬到美國中部的平地，令人心碎。我記得從飛機窗口望出去，看到以前和現在的明顯差異：平地與高樓大廈。」丹妮拉說。

十二歲時，有一天丹妮拉從學校走路回家，看到一幅企鵝的圖畫，那是電影《不願面對的眞相》（*An Inconvenient Truth*）的海報，呼籲大衆關心氣候變遷的元祖電影之一。她當時不明白電影海報的內容，不懂她最喜歡的動物之一爲什麼站在沙灘上。「我的人生就在那個時候改變了。我去看了那部電影，讓我完全正視氣候變遷與氣候危機的現實。我在當下有了頓悟，明白自己有責任爲保護地球盡一分力，」她說。

看了那部電影以後，丹妮拉去念環境科學課程，做研究，全心投入了解改變中的環境。她加入一個學生俱樂部，主持募款，爲她的高中購買與安裝太陽能板。在她畢業許久後，這些太陽能板仍持續在學校運作。明白自己年紀輕輕便能創造改變，讓丹妮拉產生驕傲與成就感。

丹妮拉想要改變世界的動力，一直延續到她上大學。就讀喬治城大學的第一年，她受邀到聯合國參加海洋狀態會議。那時候，丹妮拉年僅十九歲，她的身邊都是國家元首、外交大使與知名企業執行長。身爲在場最年幼者，她感到格格不入。

儘管不安，丹妮拉參加那場會議後，有了兩個心得。第一，她這一代並沒有穩定的海洋狀態資訊來源——就這件事而言，任何世代都沒有。（當時是二〇一四年，沒有太多氣候變遷的明確資料可廣泛取得或分享給大眾。）第二項心得是，那一場會議上站起來發言的每個人，都用可怕的統計來講述情況的嚴重性，例如海洋裡的塑膠數量與瀕死珊瑚礁的數量，卻沒有人談到解決方案。無人分享實際做法的藍圖，甚或可以做點什麼的一線希望或可能性。

聯合國會議結束後，搭火車回家的途中，丹妮拉思緒萬千。她拿出筆記本，畫了兩個圓圈，一個圈是她這個世代，另一個圈是當權者。接著，她畫了跟這兩個圈有交集的第三個圓圈，代表她想要創建的永續海洋聯盟（Sustainable Ocean Alliance）。她決定成爲連接決策者與年輕人的橋梁，共同爲海洋規劃解決方案。

「我知道自己沒有任何答案，這很困難，我感到迷惘。我也不確定該怎麼做，但我感受到無比的責任感。我有幸去參加那場聯合國會議，聽聞海洋的狀態，這種經驗不是很多人會有的。我不能就這麼走開。我必須有所收穫，不只是對我自己有益，也要有利於地球和其他人，」丹妮拉說。

從年輕時，丹妮拉便找到並培養她的目的——守護這個世界。她自青少女時期便培養這個興趣，當她看到機會，就毫不猶豫地採取行動。永續海洋聯盟如今已是全球性的組織，協助規劃與加速解決方案以守護海洋健康。該組織建立了全球最大的年輕海洋領袖網絡，成員皆爲三十五歲以下，紛紛投身於聯合國二〇一五年設定的永續發展目標14（SDG14，「保育及永續利用海洋與海洋資源，以確保永續發展」）。這些年輕海洋領袖遍布一百八十五個國家。透過永續海洋聯盟，丹妮拉發起全球第一個「海洋解決方案加速器」（Oceans Solutions Accelerator）計畫，協助企業家解決地球健康所面對的最大威脅。

丹妮拉的故事是決心過著有意義的人生、每天追求目標的精彩範例。事實上，她的故事說明了我們在本書最後三分之一將要討論的許多概念。

「活出有意義的人生」是一個強大的概念，然而許多人卻沒有把握。我們日復一日按表操課。我們只是逐一做完工作，等到想起來的時候，已經虛度了光陰。

想要過有意義的生活，你需要明白自己的「爲什麼」——你想要完成的事，以及你前進的動力。你曾經懷疑過自己人生的目的嗎？你是否曾經思考過自己人生的目的？許多人不會這麼做，除非是面對人生的重大危機，被迫思索自己的人生是怎麼一回事。

在卡內基訓練課程，我們開始討論有意義的生活時，訓練師會協助學員發現自己的

「為什麼」——他們鼓勵學員停下來思考自己想要過何種人生、想要做出的貢獻，以及對他們重要的事物。當人們做完這項練習後，往往會感到振奮。有生以來第一次，他們對自己與未來有了迫切的願景。以我個人來說，這是我第一次參加卡內基訓練的最重要心得——促使我棄法從商，成立線上學習公司，變得更有同理心。

設定一個願景，可以讓我們認眞思考人生，以及我們做過或沒做的事情。我們在第六章〈拋開後悔再前進〉提到，研究顯示人們往往較常後悔自己沒有做的事，而不是他們做過的事。以下是一個案例：麥可為卡內基公司工作的時候，時常周遊世界。「老實說，」他表示，「我被工作消磨殆盡，搞砸了關係。我在回想時，不得不承認這點。多年來，我總是工作優先，家人與朋友其次。別誤會，我愛他們，也關心他們。但我忙於打拚事業，覺得自己的工作深具成就感，以至於忽略了最重要的事。」有一天，這個事實給了他迎頭痛擊。

每次出國差旅，麥可都會寄一張明信片給女兒妮可，以聯繫情感。妮可一年級的時候，老師請她帶可以跟其他同學分享的小東西，像是硬幣、彈珠。她在準備這項作業時，麥可正好在家，便看著她拿出所有明信片擺在客廳地板上，挑出她最喜愛的。「那一刻，我很難過，」他說，「我看著堆積如山的明信片，每一張都代表著我離開家人的日子。我思忖著：『我究竟錯過了什麼？』我小女兒人生的那些日子，是我永遠回不去的。」他在四年內旅行超過一百萬英里，錯過跟女兒的許多回憶。

那個瞬間給了他當頭棒喝。麥可決定採取行動，因爲他明白這不是他想要的生活。「我花了數日思索如何在努力工作的同時，與妻兒保持親近，」他說，「我總是說家庭是我最重視的價值，而我需要身體力行。我必須調整生活，不讓其他價值，例如工作與貢獻，壓倒家庭。」改變不會於一夕之間發生，但在麥可看出工作與家庭失衡之後，他增強了意識，減少差旅，設法與家人度過更多優質時光。

我們時常聽見人們提到「中年危機」，大多時候，這種危機來自於我們的日常活動與願景之間缺乏協調。因此，重要的是拆解或重新安排我們的生活，以積極的方式符合我們的目的。我們認爲，花時間設定明確的價值觀與目的，可預防此類混亂與心痛，所以，首先要設定你的價值觀，接著設定你的目的。

☺ 設定你的價值觀

價值觀是導引及驅動我們目標與行動的基本信念。每個人都有價值觀，但很多人從未花時間思考或有意識地選擇。我們的價值觀往往是不假思索地跟隨養育我們的人或我們成長的文化，這很正常，不過我們應該花時間思考及選擇自己的價值觀，因為它在我們生活中扮演舉足輕重的角色。價值觀能指引我們實踐目的，達成願景。

美國海軍上將麥可．穆倫（Michael Mullen）是前美國海軍作戰部長，有五年期間擔任美國軍隊最高階官員（也曾擔任許多其他要職）。在不同的專業領域之中，他教授價值觀已有數十年的時間。「今日我們談到領導時——在這個極其紊亂、每個方向都在打擊我們的世界——我們需要一個決策方法，」他說，「我們需要為自己設定一個框架，納入我們的信念與價值觀。我發現，當你陷入危機時，假如你不曾仔細想過自己的價值觀——假如你不曾設定那些護欄——你便會做出錯誤決策。」

預先設定好價值觀，在陷入艱難或困惑的情況時，便能仰賴它。穆倫接任美國海軍作戰部長時，寫下三頁的核心價值與信念——正直、盡職、負責。他跟每位共事的人分享，並告訴他們：「這是一份重要職務，這是我的理念。我要求自己對這些價值負責，」他說。

現在就思考你的價值觀。你很有可能早已在實踐自己的價值觀，即便從未確實定義過它。這項作業或許要花上一段時間，但沒有關係。你可能需要數日或數週才能想清楚自己的真正價值觀。在這項作業中，你可以使用任何最能記錄你的價值觀的工具：紙筆、日誌或筆記 app。重點是確定你有記下自己的發現。

1. **思考你自己的行動。**你依據何種價值觀行事？你或許重視誠實、忠誠、家庭，而這早已浮現在你的選擇之中。
2. **哪些體驗塑造了你的價值觀？**你在人生最艱難的考驗中是如何行動的？那如何表現出你的價值觀？
3. **列出你欽佩的三個人。**他們的行動體現了哪些價值觀？那些價值觀是你自己的人生希望擁有的嗎？
4. **有意義的人生是什麼樣子？**要有什麼價值觀才能過那種人生？

把你想得到的價值觀寫成一份清單。一開始或許會有十到二十項價值，先放著不管。數小時或數日後，你又會想起來，而等你準備好重新審視這份清單，便會對最重要的價值觀有一些概念。

審視這份清單時，要思考挑選健康的價值。部落客暨暢銷書作家馬克・曼森（Mark Manson）說明了有益的價值與可能有害價值之間的不同。好的價值觀是以證據爲基礎、具建設性、可以控制；例如，正直、誠實、好奇與尊重都是好的價值觀。無益的價值觀則是以情緒爲基礎、具破壞性、無法控制；壞的價值觀包括用金錢追求外貌或地位、過度享樂，或是渴望社群媒體按讚數。他寫道：

「成長與傷害之間的界線模糊，它們往往像是硬幣的兩面。這便是為何你重視的價值可能不如你評估的那麼重要。如果你重視武術，是因為你喜歡傷害別人，那麼它便是一個差勁的價值。但若你重視武術是因為你從軍，想要學習保護自己與他人，那麼它就是一項好的價值。相同的武術，卻有著不同價值。」1

選擇你最重視的三到五項價值，寫下來，放在顯眼的地方，像是書桌或手機桌面。這些價值是你的基礎、你面對任何情況的指南。當生活變得混沌，你可以回顧自己的價值觀，記起自己想要成爲的人、想要有的性格。

☺ 設定你的目的

若說價值觀是你的基礎，「意義」便是鼓勵你不斷前進的事情。有時，意義可能會是我們找到或發現的；有時則可能像是注定好的：「這就是你的意義！毫無疑問。」麥可和我習慣用兩種方法來思考意義：小目的與大目的。

首先，根據眼前的生活狀況，我們會有一個目的，類似於目標。「小目的」可能會改變或成長，如同你會改變與成長。高中時期，你的目的或許是結交朋友或拿到好成績。及至成年，你的目的可能變成擁有成功的職涯或引以爲傲的生活。職涯剛起步的人與邁入四十歲的人，目的可能非常不同；到了七十歲，目的可能更加不同。我現在的目的就跟我二十幾歲時很不一樣。

年輕的時候，我的目標是做個成功律師，盡量學習。我要讓合夥人滿意，同時賺錢。在那個時候，擁有「美好事物」，比如名貴服飾、跑車、第一棟房子、美食，對我來說極爲重要，因爲我想要那些東西，也認爲它們會讓我看起來高人一等。大多時間，我只在意我自己。結婚生子以後，我的目的開始改變。長女出生後，我把她抱在懷裡，那個時刻就像開關被打開一樣——照顧這個孩子、撫養她、教導她生活技能，讓我重新思考優先事項。她的五個弟妹在之後八年陸續誕生，我不能再只想著自己，而且必須更有耐心。如果我像以前那樣只顧自我精進，一定會爆炸。我必須把眼光放長遠，思考死亡與傳承。我的小目的隨著人生的每個階段而改變。

麥可二、三十歲的時候很認眞打拚，全都是爲了向別人證明他自己——那是他當時的目的。隨著麥可有了孩子、母親過世、生涯發展，他的眼界改變了。現在，麥可已經退休了許多年，有了一個新目的：改變社群，服務他人。

「大目的」則有些不同。這是更爲深遠、可以在一輩子各階段導引我們的事情。不同於小目的，大目的比我們在人生各階段想要達成的目標更爲遠大。這種目的至高無上，在我們一生中可能都不會改變——雖然有時也可能隨時間而改變。過去二十年，我的大目的是服務、鼓勵及激發人們最好的一面。我所做的一切都是跟隨這項指引——作爲商業領袖、父親、丈夫、朋友、演說家、作家等。這個大目的將持續導引我，無論我的生活如何改變。

我們展開職涯時，也許會沒有安全感，而這可能體現在我們思考意義的方式。我們可能不是根據價值觀來追求夢想或生活，而是選擇用金錢或讚美來滿足目標，撫慰缺乏安全感的我們。

有了年紀與想法之後，我明白追求名聲是在浪費時間，即便追求那些東西是很正常的。至於金錢，每個人都需要錢。問題是：多少錢、我們怎麼花錢、我們願意爲錢而犧牲什麼？我認識許多人爲了追求物質、認同與安全感，而失去婚姻、家庭、朋友、健康和人生意義。如今我回想自己的大目的，這才發現它跟著我一起成長。別誤會了，我還是喜歡大多數人喜歡的「東西」，只不過我在服務他人時找到更人的意義。

無論你來自何種文化，都可能把大目的跟你的工作連結在一起，不管是聚焦在你的個人成功（生涯、教育）或是他人福祉（合作、服務、家庭）。這可能促使我們認爲，如果我們的工作沒有重要頭銜或掌握某種權力，我們便沒有在實踐人目的。這實在再離譜不過了。大多數人的工作是賺錢養活自己的手段，然而，我們這裡講的是尋找喜悅與意義的機會，無論你做的是什麼工作。你實際的工作未必會反映出你的大目的，但你工作的態度就會。

我有一次在巴西聖保羅遇到一名侍者，名叫吉列爾梅，他很獨特，可能是我遇過最棒、最體貼又細心的侍者。他眞心關注我、十分友善；他對菜單瞭如指掌，並且表明能讓我在他們餐廳留下難忘回憶，對他很重要。我在用餐結束後對他說（也對餐廳經理說了）：「吉列爾梅，我從未遇過服務生如此重視我的體驗，而且我去過不少高級餐廳。爲什麼呢？是出於你的訓練？還是你的價値觀？你怎麼如此熱情？」他的回答令我訝異：「母親曾耳提面命跟我說，人生的眞諦在於服務。我想要服務他人。我可以讓他們感受美好的一天。我或許只會遇見他們一次，但我可以爲他們留下難忘、有意義的體驗。」要記得，這不是什麼來頭很大的角色頭銜或責任，但他在自己的工作中找到遠大的目的。

我強烈認同，工作應不只帶來金錢，還應該創造意義。人生苦短，不該做些你覺得沒有意義的工作。無論你從事何種工作，我希望你問自己：「這份工作有什麼值得我感激的地方？我可以在這份工作上發揮什麼專長？」

你覺得自己的大目的是什麼？剛開始可能很難設定，但是線索散布在你人生的輝煌時刻。回想人生，你在什麼時候最有滿足感？在工作或專業生涯中，什麼時候感覺極爲特別？你何時處於最佳狀態？想想你在那些時候服務或共事的人，你喜歡他們什麼地方？他們如何影響你在體驗中感受的意義？當你想起那些有意義的時刻，是否感覺自己做了些什麼來改善自己或別人的世界？你是怎麼做的？你是否還想再做些什麼？

卡內基訓練課程中，學員在設定大目的時，會寫下一個使命宣言。你可以用使命宣言來提醒自己的大目的，以及想要實現的生活。簡單扼要即可，不要超過一到三個句子。假如你想不出來，不妨套用這個模板：「我要爲（誰）做（什麼事），藉由（發揮自己所長）去（達成某結果）。」但不一定要這麼死板。你可以參考下列例句：

- 「我要發揮自己公開演說的天賦去鼓勵故鄉的人們。」
- 「我要利用募款的能力去支持本地的非營利團體。」

- 「我的使命是教導弱勢兒童，讓他們具備技能以獲取成功。」
- 「讓我的社區中的人們不再挨餓。」
- 「過正直、有愛與同理的人生。」
- 「我的目的是持續學習及教育，好讓自己成為女兒成長時的可靠知識來源。」
- 「我的目的是成為痛苦與不確定時刻的希望泉源，到戰亂國家的國際組織擔任志工。」
- 「懷抱服務之心，竭盡所能，讓世界變得更美好。」
- 「善待我遇到的每個人。」

如同先前的練習，寫下你的使命宣言，放在你每天都看得到的地方，跟你的價值觀清單放在一起。目的伴隨著責任。充實的生活通常含有某種服務的要素。珍奈・李里亞諾（Janett Liriano）是伊納魯谷（INARU Valley）的創辦人，該公司是供應來自多明尼加永續農業的頂級可可產品。她成長於紐約市的加勒比文化，在那裡協助鄰居是常態，而非特例。「父母總是告訴我，『我們都肩負責任。』我們對彼此負責，對發生的錯誤負責，對自己的幸福或不幸福負責，」珍奈說。

珍奈覺得她如果沒有主動照顧自己的小宇宙以對抗傷害，她便不算參與這個宇宙。當她聽聞社會不公，便思考如何改善這個犯下如此暴行的社會。研究過她父親的可可農場的營運狀況之後，她知道大約七成的全球糧食是由小農供應，而他們的工資都不足以維生。這個事實令珍奈大受打擊，她決心讓提供糧食的農民不再挨餓——伊納魯谷公司讓農民從作物利潤中抽成，並確保生產者得到合理穩定的報酬。

「我堅信，責任不用履歷表，」她說，「雖然我沒讀完大學，但我是唯一獲得創投資金逾一百萬美元的有色人種女性，而且還是兩次。我在不到一百名達成這種成就的有色人種女性名單上出現過兩次。我的父母是移民，兼了好幾份工作，養育我們五姊妹，提供給我們最好的教育和機會。看到他們克服萬難，讓我決心為他們這麼做。」

藉由工作，珍奈一次又一次地承擔起社會責任。「我們每個人都能創造有意義的轉變，但我們卻糟蹋那種能力，以為別人更有能力。無論背景，每個人都可以為世界灌注更多愛，雖然這並不容易。這也是為什麼「勞動的愛」（a labor cf love）意指不求回報的付出。我們可以向農民學習——他們用愛勞動，好讓世界某個角落的某個人可以得到作物的滋養。」

掌舵

TAKE COMMAND

根據我們成長的文化，我們或許重視效率、服務、家庭、平等、金錢、時間、和平、成功、放縱或自制。你有多常評估自己的價值觀？是你自己選擇的，或者你的家庭、社群為你選擇的？我們的生活方式是因為我們認為應該這麼活，還是我們想要成為更好的人？人生只有一次——不要浪費這一生去實現別人的價值觀。我們必須想清楚什麼對我們才是重要的，並且堅持下去。如果不這麼做，日後必定會對我們沒有做的事悔恨不已。如同卡內基所說：「活在今日——你唯一能夠確定的人生。善用今日。」善用今日的第一步，就是設定你的價值觀與大目的。現在就問自己，你想要過什麼樣的人生？想要幫助誰？然後下定決心去做。

原則：培養你的目的

行動步驟：

- **思考你想要成為什麼樣的人。**盡量簡單明瞭地寫下來。你希望人們在你的人生終點如何形容你？你想要成就什麼？你想要擁有何種關係？你想為世界提供何種服務？
- **設定你的價值觀。**
  - ▼思考你的行動。
  - ▼你是由於哪些體驗而塑造了你的價值觀？
  - ▼寫下三個你仰慕的人。
  - ▼有意義的人生是什麼樣子？
  - ▼寫下你的想法，沉澱一段時間。
  - ▼選擇三到五個首要價值，寫下來，放在你看得到的地方。

• **設定你的目的。**

▼ 你在何時感受到意義與成就感？什麼時候是你的最佳狀態？你如何將那種意義與滿足感融入日常生活之中？

▼ 擬定你的使命宣言，每天檢視。

15 擬定人生願景

冒險吧！人生就是一場冒險！願意去做、大膽去做的人通常能走最遠。

——戴爾・卡內基

釐淸自己的價值觀與大目的之後，就該來擬定願景了。如果說價值觀是你的護欄、讓你維持在正道上；而大目的是引擎，讓你不斷前進；那麼，願景就是你的目的地。

陳小華（譯音，Xiaohoa Michelle Ching）的早年經歷讓她重視教育、平等與同理。她的父母曾待過泰國與寮國的難民營，後來移民到美國，輾轉搬到不同州，小華因此讀過幾間不同學校。上過幾所小學之後，小華發現她在一所學校五年級的課程是她在另一所學校的二年級就教過的。她明白，全國教育並不是全盤相通。

她搬去威斯康辛州的密爾瓦基與父親同住時，她就讀的高中並不受重視，對學生的期望也很低。開學第一天，校長告訴學生：「如果你們不打起精神，你們這一百二十名新生將被退學。」小華對於在高中開學日就聽到這種話，備感困惑。「許多學生在求學過程中已經一再失敗，到了這個時候，他們若無法讀完一年級，升到二年級就會被退學。他們沒有機會。大家根本不談大學。這就像一個牢房。」她說。

小華追求平等的願景逐漸成形。「我很清楚，事情必須有所改變才行，於是我展開活躍的行動主義人生。我試圖加入校董會。他們當時沒有青年校董會，所以我嘗試加入眞正的校董會。我對他們說：『假如你們沒有談過這些事情的話，請讓我加入會議。』」大學時期，她加入非營利組織「爲美國而教」（Teach for America），取得教學經驗，並拿到碩士學位。

「我想要矯正一切。每一天，我都在思考我擔任教師時所察覺的許多事情的根源。我想美國沒有比當老師還要辛苦的工作了。」她在課堂上遇到許多學童，有的需要情感支持，有的有行爲問題或課業跟不上，而這一切都是因爲不識字。

陳小華每晚都在研究，而後發現如果一個孩子在八歲前無法閱讀，那麼未來在高中退學的機率便高出四倍。此外，如果他們出身的社會經濟地位較低，退學的機率更是高出十三倍。「我很難過。我教導的七歲學童原已處於弱勢。我必須想辦法才行，」她說。此刻，她形成了自己的願景──她要解決教育不平等，方法是深入問題根源：不識字。而且她眞的去做了。她與業界專家合作，創立Literator，這個軟體可以讓教師一對一協助有閱讀障礙的兒童。使用Literator的教師所教導的學生，有六成在學年結束時提高了閱讀水準。數千名美國學童得以畢業，因爲陳小華說：「足夠了。如果我可以做到一件事，那就是確定你們可以閱讀，過上你們値得的生活。」

☺ 培養你的願景

現在，輪到你來發展自己的願景。你的願景，是你用自己的大目的與價値觀去影響世界的方法。使用你設定大目的與價値觀的日誌或app，進行下列的練習。在回答時，想像問題的答案並寫下來，就像是你已經達成想做的事。假設你想要成爲世界級演說家，便寫下：「我正在臺上演說，鼓勵來自世界各地的人們。」重點是嘗試你想要的生活。

- **你想要什麼？**這是再簡單不過的問題了。在你的人生盡頭，你希望人們如何形容你？你想要擁有什麼成就？你想要有什麼經歷？在前一章，你思考過要有什麼價值觀才能過上「有意義的人生」，以及這如何支持你設定大目的。那些事情會有什麼具體結果？
- **你有什麼技能或興趣？它們如何幫助你達成你想要的？**你有什麼擅長的事情嗎？如果你自己想不出來，不妨去問認識你的人，請他們講講你具有什麼才能。你對什麼感興趣？你喜歡寫作或創作嗎？你是否對動物福祉有熱忱？理想的願景應該包含讓你活力十足的活動。
- **你必須採取什麼行動來達成你想要的？**你可以由大目標著手，例如「取得碩士學位」或「學習打造社區花園」，接著你需要思考該如何達成那個目標。
- **你的願景在日常生活中會是何種景象？**在你理想的世界裡，你的早上、中午與晚上是如何度過？你跟誰一起度過？你住在哪裡？你做什麼工作？對身邊的人與這個世界產生何種影響？
- **這個世界需要什麼，而你有哪些獨特能力可以幫上忙？**世界上有許多工作可以做，我們必須振作，盡一己之力。想想自己獨特的技能與熱忱，以及如何加以利用來幫助周遭的人們。你如何運用自己的目的去產生影響？

在設定願景時，請對自己坦誠。有時，我們寫下的是對別人重要的，而不是眞正對我們重要的。我們或許認爲自己「應該」做些什麼，因爲那是我們的家庭或社會的期望，或者因爲那是我們已經走上的道路。如果你發現自己說「我眞的應該」，那麼你寫下的可能是別人的願景，而不是你的。我們必須設定自己的成功，不要讓別人對於成功的想法或期望來左右我們的生活。你必須專注於「你」認爲重要的事情。你可以不斷回想你的價値觀與大目的。什麼才是「你」覺得重要的？「你」想要做出何種貢獻？

你要容許自己去想像、懷抱遠大的夢想。多年前，塔瑪拉．佛萊徹（Tamara Fletcher）和家人一同由牙買加移民到美國，他們沒多少錢。他們手足四人和媽媽一起上超市，目瞪口呆地看著糖果貨架，因爲他們在牙買加從來不曾看過這等光景。他們不敢走進那排走道，因爲母親總是說：「不可以。不可以走進那排走道。不准。」塔瑪拉明白母親的意思：不要誘惑你自己，因爲答案是不可以。他們買不起那排走道上的任何東西。如今，多年以後，塔瑪拉還是站在糖果走道盡頭，告訴自己，她買不起貨架上的任何東西。

她是一名業餘的私人機師，不久前參加了一場在機棚舉行的夏威夷主題派對。人們享受著現場音樂，場內布置了歡樂的裝飾。她實在太喜歡這個主題了，於是跟負責舉辦他們機師俱樂部派對的友人艾利賈說：「我們自己的派對也應該這麼辦。我們的派對應該辦得這麼好玩！我想要草裙舞之類的。」

「塔瑪拉，我們負擔不起，」他說。

「什麼叫我們負擔不起？過去問問看樂團要多少錢，再問問看裝飾要多少錢，然後是泡沫機多少錢。等你問出一個總額，我們便能判斷是否負擔得起、是否需要募款。」

他堅持說他們負擔不起。

塔瑪拉跟他講了糖果走道的故事。她現在是有穩定收入的成年女性了，卻依然覺得自己買不起一條兩美元的糖果棒。「你跟我說我們負擔不起這種夏威夷派對，因爲你早已認定我們負擔不起。我們能不能不要把這件事弄得像『糖果走道』那樣？」艾利賈笑了笑，便走過去詢問價格。

「我們將人生的很多事情都視爲『糖果走道』。我們說：『我做不到。那種事不會發生。』我們連試都不試，就認定無法做到某件事情，」塔瑪拉說。很多時候，唯一阻擋我們的，是我們對於「可不可能做到」的想法。事實上，沒有任何事能夠阻止你去嘗試各種事。

當你坐下來設定自己的願景，不妨儘量遠大。沒有人會來指正你，說你做不到某件事；唯一的限制就是你自己。麥可在職涯初期領導一支小團隊，當他覺得老闆不合理地駁回他對基本資源的要求時，便親身感受到這點。麥可做好準備去提出他的構想，他有十足把握，心裡想著：沒有人會拒絕這項請求。因此，當他的老闆拒絕時，麥可臉色鐵青，說不出話來。

麥可回到辦公室、大力摔上門，但他並未呆坐著思索剛才發生的事，而是拿出一張白板紙，寫下標題：「如果我是國王，我會……」麥可花了九十分鐘寫下「怎麼做才能讓團隊成功」的願景之後，他的心態改變了。他對自己的想法感到振奮，其中大多不需要老闆的批准。從那天之後，麥可的團隊締造了五年的破紀錄成長。

你的願景不必一開始便完美無缺。和先前的練習一樣，要花上數小時、數日或更久才會變得明朗。過一段時間，你或許會明白，自己的願景當中有些部分比其他部分更加重要。正如你的價值觀與大目的，你需要把願景放在每天看得見的地方。

此外，你的願景有可能改變。史蒂芬・克拉斯柯（Stephen Klasko）醫師第一次修改願景時，他在賓州艾倫城（Allentown）擔任產科醫師，已經接生了兩千名新生兒。「在當時，幾乎所有婦產科醫師都是男性，而婦科最常進行的治療是子宮切除，其次是剖腹生產，」克拉斯柯表示，「醫療界一致認爲，在生產後，婦女便不再需要子宮了。」

史蒂芬在還是住院醫師的階段，便開始質疑這句話。在賓州大學聽了一名年長的婦產科男醫師說明子宮切除的必要性之後沒多久，他正好去一家書店看非小說類十大暢銷書。有著「子宮切除術騙局」之類字眼的書名，吸引了他的目光——前十大暢銷書之中，就有四本在講述「子宮切除」如何毀掉女性的一生。當下，他明白醫師與患者之間有很大的誤解。

拿到醫學學位後，他的願景曾經是要做一名最優秀的婦產科醫師。「我很早便認爲接生是一件很棒的事，」史蒂芬說。然而，很顯然地，他的職業的核心理論之一，實際上卻傷害了他們本應該要照顧的人。當時，他的願景包括擴展他的實務經驗，但領悟到這點之後，他認爲必須做出改變。

史蒂芬對子宮切除的心理與性方面的影響進行了研究，這讓他明白這種手術會對患者造成可怕後果。「根據研究，我們設計了一份篩選問卷，判斷誰不適合子宮切除，」他說，「我想要做出更多改變，能夠確實影響醫學界。我研究問題之後發現，我們眞的錯了──那些書是對的。」他找尋那些試圖採用不同治療選項、以避免切除子宮的其他醫師，也開始與其他有著相同願景、已著手改變醫界的人士合作。他逐漸明白一個人如何做出改變，以及一小群全心全意的人如何改變常規。這促使他與事業合夥人成立一家公司，名爲「女性精神」（Spirit of Women），旨在追求整體健康。

就某方面而言，逛書店的那一天成爲史蒂芬的決定性時刻。過去，他的願景是根據他認爲可以做到的事來設定。「現在我會說，從那時候起，我採取『無限制』方法：脫離你認爲可能做到的事，看看其他不可能的事，」他說。

自從那次逛書店以來，史蒂芬已多次改變他的願景與人生計畫，並且有了一份所有人都會感到驕傲的成就清單。他曾是兩所醫學院的院長，負責三家醫學健康中心，之後擔任湯瑪斯傑佛遜大學醫院總裁暨執行長。他在湯瑪斯傑佛遜大學醫院的時候，主導與費城大學合併，設立醫學院第一項設計思考課程。

願景具有導航作用，就像北極星或一名嚮導。但是，假如你的生活發生了變化，改變願景也沒什麼關係。如果你的價值觀改變，或者你對自己想要的生活有了頓悟，你完全可以改變願景以配合你的想法。願景是爲了讓你過著有意義的生活，而不是壓抑你、強迫你繼續去做你無法再產生共鳴的事。

有時候人生會很不如意，彷彿要毀掉我們的願景，讓我們覺得自己失敗了。但是，先來看看我們對失敗的定義。大多數人或許會說，失敗就是無法達成期望、沒有成功，或者沒有採取必要行動。這種看法太過狹隘了。

假設你的目的是要改革司法正義，因此你的願景是讀法學院，可是你似乎進不了。有時，答案是「繼續努力」，不過有時我們也必須承認，一些目標或許不在我們人生的整體規畫之中。這看來可能像是失敗。然而，有無數種方法可以改革司法正義，並不一定要成爲律師。你的大目的並未改變，而是需要改變達成大目的的願景。

當你開始實現願景時，要做好轉向的準備。目光鎖定在大目的，而不只是當時想要達成的目標。如此一來，等到你需要改變或重新評估願景時，就不會侷限在單一道路上。要記得，你的快樂是願景當中的必要因素。你可以因爲你不再快樂而放棄原本的道路，也可以決定改變自己的大目的。

雖然我們建議儘早擬定自己的人生計畫，然而有的人需要時間與空間思考，才能擘畫自己的願景。我們在第十章〈培養信任〉提到的米莉安．杜阿特，一生中都沒有明確的目標。她有一些核心價值觀，或許也有設定她的大目的，但她並不是有目的地過生活。二十五歲時，她經歷一場瀕死體驗，此後啟發她更加用心過生活。當時她住在葡萄牙，在一家衝浪學校工作。有一天，她去衝浪時正逢低潮，浪很快便碎掉。經過衝浪學校一天的工作不順之後，她需要發洩一下，就像海上版本的「路怒症」。她衝了兩波很好的大浪，可是，在第三波時，她從衝浪板上跌落，立即意識到發生意外了。等她浮上來後，水面漂著鮮血，但由於浪潮一直打過來，她只得不斷潛下去以避開大浪。

米莉安脊髓受傷、頭部出血，還有腦震盪。她疼痛無比，而且可能落得終身殘疾。接下來六個月，她每天昏睡十六小時，必須搬到德國去休養。

整整一年的時間，她都無法工作。在她的人生中，第一次有許多時間反省自己的選擇。她發覺自己追求的其實不是她想要的；她說不出自己為何做出那些選擇。「我知道自己有個目的，但我若不是積極逃避，就是搞不清楚那個目的是什麼。我讓外部因素決定我的人生與出路，」她說。她去瑞士等國家找工作，因爲她想住在那裡。雖然她過得很開心，但往往感到空虛。她沒有願景。

她決定要活得更有意義。人生只有一次，而她差點丟掉性命。「我開始思考以前自己喜歡的事。我喜歡與人們共事，在招募人才時協助訓練，那是我在實習時做的事，」她說。米莉安爲自己設定的願景包括與人們共事，幫助他們轉變。「我成爲一名訓練師。我現在已經做了五年半。這是我第一份眞正喜愛的工作，也是我唯一做了超過一年的工作，」她說。米莉安的願景幫助她去服務他人，進而充實了自己。她花時間思考，決定自己的大目的，爲自己設定願景，並且付諸行動。

☺ 與他人分享你的願景

一九九〇年代後期，我從執業律師轉換跑道，到一家頂級房地產公司擔任開發主管。我加入一項快速高階主管訓練計畫，兩年內被晉升兩次，我熱愛工作與同事。然而，在內心深處，我的願景是自己創設線上學習公司。我決定撰寫一份創業的商業計畫，附上競爭研究、財務預期和進入市場（go-to-market）策略。我花了數月埋頭苦幹，沒告訴任何人我在進行這件事，只有我的妻子凱蒂知道。我猜別人如果知道我在想些什麼，他們會說：「你是瘋了才會想離開這麼棒的工作去創業。你知道有多少公司撐不過前五年嗎？幾乎全軍覆沒。你是怎麼回事？別傻了。」

完成計畫後，我決定小小冒險一下。我向最要好的朋友藍道・卡普蘭（Randall Kaplan）透露了這個想法。藍道總是支持我，鼓勵我做到最好。我在念法學院時，得到一家不錯的法律事務所的工作邀約，藍道說「你可以有更好的」，鼓勵我加以婉拒，再找找看。當我決定離開律師業，藍道便是我的典範，因爲他早已那麼做了。他跟我分享與大企業老闆建立人脈的新穎手法，並將我介紹給他們，其中包括我後來任職的房地產公司的董事長。藍道同時也是一名出色的創業家，與人共同創立了一家網路公司；一九九九年，該公司首度公開上市時，是史上最轟動的公司上市案之一。儘管如此，有時藍道講話是直白到無禮的程度；我知道他若不滿意我的點子，會毫不猶疑地告訴我。在電話上詳細告知我的計畫之後，藍道表示支持，讓我鬆了口氣。別誤會我的意思——藍道質問我，並提出可以做得更好的建議事項，而講到我該不該付諸實行時，他說：

「人生只有一次。何不試試看？假如你能改進商業計畫，我甚至或許會投資，主導你的種子輪（seed round）募資。我的支持絕對會幫助你爭取到其他投資人。記住，我相信你，喬。就算你開軸承公司或牙籤公司，我也會支持你。」我無法置信，喜出望外。他接著說：「還有，你需要跟大衛・佛坦（David Foltyn）聊一聊。他聰明又有人脈，如果他喜歡你的主意，便幫得上忙。」大衛是我經由藍道而認識的密西根大律師，我很仰慕他，但當時並不熟稔。「藍道，我不能跟大衛講……不可能。萬一他認爲這是個蠢主意呢？我不希望大衛看輕我。」

「沒關係，儘管打電話給他。況且，如果大衛覺得這是個壞主意，你還不如在你辭掉工作之前早點知道。」我很緊張，但還是約了大衛吃午飯。「大衛，我認爲訓練計畫的最大問題之一，是人們參加計畫之後，卻無法運用所學。我的構想是設立一套網路系統，讓人們在上完課程之後參加。這可能會是領導或銷售計畫，然後不時提醒，敦促他們運用所學。目標是要增強人們在課堂上學到的東西，養成習慣。參加領導課程的人會成爲更強大的領導人；參加銷售課程的人將成爲更成功的銷售人員。我覺得我有方法可以實現這點。」

「我喜歡這個主意，」大衛說，「我本身也經歷過。我覺得市場有這個需求。」他接著提出一連串問題，我逐一回答。「很好，」他說，「我想我可以幫你。」「哇，」我心想，「大衛．佛坦要幫我？眞是太棒了。」確實如此。大衛擔任顧問，負責成立公司與募集資本的法律工作。他也成爲我的朋友。回想我創辦第一家公司時，沒有藍道與大衛便不可能成眞——如果我因爲害怕而不敢跟別人講，也不可能成眞。

設定完人生願景之後，下一步就是跟別人分享。沒有人可以獨力完成任何事。有了親朋好友的支持，我們才會走得更遠。

跟人談論我們的願景，可使願景變得更加清晰。那些人或許會支持你的想法，甚至願意幫忙。最起碼，我們在訴說夢想時，便是在表明態度。如果別人知道你的願景，就會敦促你堅持下去。

分享自己的夢想或許有些令人尷尬，有點像暴露自己，讓人嘲笑——我不想騙你，確實可能如此——可是，什麼都不做、恐懼害怕，也不會帶來好事。每次跟人討論你的想法，都是一次冒險。你讓自己開誠布公，這令人感到脆弱、不安，但是，唯有他人相助，才能達成傑出成就。首先找你信任的人，亦即你的伴侶或摯友。分享願景令人感到脆弱的原因是，分享夢想時，我們也在請人幫忙。人們以爲自己可以獨立做好事情，認爲自己需要協助是軟弱的表徵；但是，一個人其實無法完成任何事。

☺用熱忱分享願景

實現你的願景及獲得他人支持的關鍵在於熱忱。

我們會對身旁人們的熱情做出回應。當我跟藍道、大衛分享創業主意時，我對新公司極爲興奮，他們都有感受到。麥可回想起他和團隊分享「假如我是國王」想法的那一天，他說：「熱忱才能創造改變。不單是我分享的想法，更是我分享的方式。我看到團隊和我一樣變得熱切。後來我在整個職涯當中，都會借用這個經驗來鼓舞別人。」

那麼，熱忱究竟是什麼意思？

熱忱（enthusiasm）一字源自古希臘語「entheos」，意指「內在的神」。當希臘人看到人們慷慨激昂地講話，便會使用這個字，形容他們彷彿「被神占據」。他們明白每個人的內在都有一股力量，可以強烈迸發出來。

當你如同被神祇附身般地分享願景，你會如何表現？你的聲音會是什麼樣的？語調？面部表情？姿勢呢？想像你正站在觀眾面前，發自內心訴說自己對世界的願景。你直視觀眾，微笑著，聲音自信有力，手臂敞開，大家無比專注地聆聽。我們的激昂情緒就是促使他人行動的電流。

☺合作實現願景

米契亞・羅赫森（Michia Rohrssen）和團隊研發出「奇才」（Prodigy）軟體，這個業界首創的軟體，讓人們在家中僅花數分鐘便可以買車，而不必在經銷商浪費數小時。米契亞坦承，他的團隊沒有人對於協助汽車經銷商賣更多車、賺更多錢充滿熱情。他知道若他的願景是那樣，要麼是找不到團隊，要麼就是團隊裡充斥新水小偷。米契亞不想創立一家只追求賺錢的公司。

「我參加了矽谷一項十分新潮、邀請制的會議，一家價值兩百億美元公司的執行長正在發言。那位執行長說：『我們現在已經兩百億美元了。我們要在兩年內達到四百億美元。』」米契亞轉述，「我離開了會議，因為我心裡想著：『誰管你會不會從兩百億變成四百億？一家成長中的企業總要對社會有所貢獻，而不只是追求股東報酬。』」

那一刻，他體會到創造正面影響才是最重要的。米契亞最喜歡的聖經經文是「若無願景，便會滅亡。」[1]他和團隊必須設定一個願景來每天鼓舞自己，否則他們便會滅亡。

「起初，我和同事拚命要設定一個比研發汽車經銷軟體來得遠大的使命，」米契亞說。他們做出兩項決定。他們決定不以經銷商為重點，而是汽車買家。每位車主均曾經歷過糟糕的買車經驗，或認識有過這種經驗的人，於是他們打造軟體，協助一般人不必被占便宜、也能買到車。

由於要共同對抗一兆三千萬美元的汽車市場，這盤散沙因此團結一心。

米契亞明白，他們必須向其他成員宣揚他們的願景。想要爭取人們的支持，就必須在每日行動中展現他們的願景依然鮮活的證據。於是，他們展開一項計畫。他們的平臺每賣出一輛汽車，便捐出十份餐點給貧困家庭。他們從未進行公關宣傳，也不在公司之外談論這件事，但他們的團隊很重視這件事。公司上下都對米契亞的願景感到振奮，熱切地想要為這項計畫而努力。在這種極為艱困的時刻，他們知道自己正在做出改變。他們總計捐出十八萬九千份餐點。儘管他們的軟體目的十分直截了當，但他們一起設定了一個意義重大的願景，跟團隊分享願景，並且以助人的方式來實現願景。

當我們分享之後，願景就會演變、成長。米契亞並沒有乾坐著、口頭告訴團隊他的計畫，而是大家一起在米契亞的原創想法之上凝聚共識，直到產生一個大家都熱中的願景。若是我們對自己產生的第一個念頭興奮過了頭，或許會在無意間抗拒可能有益的回饋。如果我們需要別人幫助我們達成願景，就請他們參與其中。當我們聽取他人提供的想法與意見，便能共同創造出感動每個人的願景。

掌舵

TAKE COMMAND

我們的價值觀與大目的組成了我們人生與內在夢想的「為什麼」；但若不

採取行動，我們的價值觀與大目的便會進入休眠狀態。我們的願景構成了「怎麼做」，也就是我們實現夢想的外在計畫。當我們感受到熱切與可能性，也就更能讓別人看見我們願景的潛力，無論願景是大是小。親自設定及培養願景，就可能創造我們想要的改變。

原則：堅持培養及分享你的願景

行動步驟：

- **寫出以下事項，盡量詳細描述：**
  - ▼你想要什麼？
  - ▼你有什麼技能或興趣？它們如何幫助你達成你想要的？
  - ▼你必須採取什麼行動來達成你想要的？
  - ▼你的願景在日常生活中會是何種景象？
  - ▼這個世界需要什麼，而你有哪些獨特能力可以幫上忙？

- **現在把這個願景放到一旁，再寫下第二個願景。**這次要比第一個更加遠大。修改細節。或許這個願景是出自於你對人生的其他想法，未必符合主要願景。
- **接著，寫下第三個願景。**這個願景要比前兩個更為遠大，即使一開始你覺得根本不可能實現。如同天馬行空，你想到什麼就寫下來，無論多麼難以想像。不要侷限於你或別人認為可能實現的——夢想是無限大的。
- **比較願景。**你注意到了什麼？等你寫到第三個願景，便可能注意到自己不得不比前兩個願景更有創意。這三個願景之中，你各喜歡什麼？什麼讓你驚訝？什麼讓你興奮？
- **從三個願景中挑選最令你心動的部分，**組合起來成為完整的圖像，幫助你追求自己的價值，擁抱你的大目的，對世界產生正面影響。
- **熱切地與別人分享你的願景，**你便會更加清楚自己的願景並負起責任。接下來兩週，至少練習三次大聲說出來。留意人們的反應——不要因為人們說了什麼就改變你的願景，而是要重新評估你分享的方式，好讓人們也能看見你的願景。你在這個過程中，便能精細調整你的願景。

- **合作實現願景。**找到與你擁有相同或相似願景的人，設法讓他們的願景也能實現。

16 打造你的社群

如果你幫別人做了什麼，不要記得。如果別人幫你做了什麼，不要忘記。

——戴爾．卡內基

當你聽到「建立人脈」一詞，有什麼想法？我們在爲本書進行研究時，受訪者對這個詞大多沒有正面看法。這個詞讓人聯想到一屋子裡的人急切地交換名片，尋找可以幫忙的人，滿腦子只想到自己，絲毫不在意眞正與人連結。或者，你會聯想到你在領英網站收到陌生人的訊息，表面上說想要認識你，其實是想要跟你推銷。那種建立人脈似乎是在追逐私利——確實也是。人脈暢銷書《別自個兒用餐》（*Never Eat Alone*）的作者啟斯．法拉利說，我們討厭人脈的理由，是因爲我們想到了「人脈混蛋」：

「他們一手拿著馬丁尼，另一隻手拿著名片，『電梯簡報』（elevator pitch）背得滾瓜爛熟。他們是閒聊高手，在每場活動伺機出手，不斷找尋大魚。他們虛偽、狂妄、喜歡攀關係，你絕對不希望淪為那種人。」

我們都曾遇過這種人，也都不想變成那種人，所以，我們避免交際，因爲我們覺得如此才能脫身。

回想第九章〈建立人際關係〉談到人際關係的重要性。用有意義的方式與他人往來，是人生很重要的一部分。藉由與他人合作，我們協助他們實現目標，而他們幫助我們實現目標。結合利益、價値與願景，我們便圍繞一個核心目的建立起社群。在社群裡，人們彼此支持，每個人都能爲人生願景創造前進的動能。

打造社群就是尋找具有共同目的之人。對我們來說，社群意味著刻意與「能夠促進相互成長」的人建立關係。建立關係是一條雙向道。我們不會跟剛認識的人聊天，心裡只想著他們可以爲我們做些什麼；相反的，我們心裡想著可以做些什麼去支持他們。

你或許心想：「爲什麼我需要社群？我不喜歡接觸人們，不喜歡去新地方。我感到不自在。」說實話，我們可以滔滔不絕地講著如何打造社群，但若我們不理解爲何這件事很重要，講再多方法也是枉然。那麼，爲何打造社群是極具價值的事？

人們以爲求助是不好的，因爲他們想要「自立自強」。麥可的女兒妮可在二十歲出頭時，拒絕讓任何人幫助她。妮可去念研究所，拿到工商管理碩士學位，畢業時，她已培養出許多強韌的關係，有一群相互照顧的朋友。她的摯友貝絲畢業後去應徵一家大型顧問公司的工作，然而，等到公司回覆時，貝絲已接受了其他工作。貝絲想要幫忙，於是跟那家公司說：「我在研究所的摯友妮可的資歷很適合這份工作。我覺得你們應該找她來面試。」麥可的女兒現在就在那家公司上班、也就是她的朋友曾應徵的工作，而且妮可很喜歡。重點是，假如妮可不符合資格，公司也不會聘用她。但是，貝絲推薦她，而公司喜歡貝絲，妮可才有機會去爭取那份工作。

☺ 慷慨付出努力

在我的 Podcast 訪談中，關於人脈交際與建立眞正關係間的不同之處，法拉利分享他的兩大心得。打造社群，不在於你可以從人們身上得到什麼，「而在於『我可以付出什麼？』，你可以爲這個人做些什麼？……你在場的時候要眞心誠意……首先建立同感與連結……越多人際互動，你會越脆弱，但同時也會獲得更多他人回饋而來的脆弱感。」

亞當・哈梅斯（Adam Hammes）是慷慨付出時間與努力的典範。幾年前，亞當很高興能在卡塔利娜島的海灘木屋遇到他的兩位人生英雄——尚—米歇爾・庫斯托（Jean-Michel Cousteau），傳奇性的海洋學探險家、環保專家暨教育家；以及海洋生態學家理查・墨菲（Richard Murphy）。庫斯托繼承父親雅克・庫斯托（Jacques Cousteau）在水肺潛水與海洋科學的志業，共同致力於保護海洋。墨菲是庫斯托在船上的得力助手，亦積極參與海洋運動。他們的願景與亞當的環保願景志同道合。

亞當聽他們講述親身參與教育計畫的故事，他們主辦的「環保大使」（Ambassadors of the Environment）鼓勵大家過著有意識的永續生活。「我們的焦點是教導孩童，因爲他們是我們的未來。我們定位自己是在服務世界的決策者——兒童。可是，如果不訓練父母，孩子在家裡就沒有足夠的自主權去做自己想做的事，」他們說，「我們在慢慢創造改變，但我們做出的改變還不夠。」

亞當被挑起了興趣。「所以，我們需要成人的環境教育？我的想法是鎖定城市裡的年輕專業人士，因爲他們是塑造文化的人。你們覺得這會有幫助嗎？」他問說。他們回答：「當然。那會是創造改變的好方法。」

亞當開始採取行動。他的願景是設立一家非營利機構，鎖定搬進城市找工作、想要結交志趣相同者的人。他知道什麼方法管用——音樂、啤酒、娛樂——只需再加進環境教育即可。當時他二十幾歲，知道年輕專業人士喜歡結識彼此。

他向兩位環保英雄告知想法，而他們對他說他應該去做。他有點訝異，他原先以爲會換個時髦的地點繼續爲他們工作，比如大開曼島，結果他們卻叫他離開去實現他的願景。「我極爲敬仰的人對我說我的想法很好。現在我該怎麼辦？是假裝沒聽到、繼續我的職業生涯，還是做出改變？」

思索了數週以後，亞當決定搬回老家愛荷華州，並在該州首府第蒙（Des Moines）成立他的社群。他花了一些時間才有起步。他必須兼三份差，才能維持生計來成立非營利機構，他命名爲「都市大使」（Urban Ambassadors）。身爲年輕專業人士的第一年，他研究了成立非營利機構的流程。他參加當地活動，接受訓練，多多結交志同道合的人士，同時找尋推廣永續發展的本地機構。他注意到有許多想要改變環境的熱情人士小群體，但他們都是各自爲政。其中一些人的焦點是潔淨能源，另一些人則是綠建築、水資源保護、減少廢棄物或永續運輸。他們做得很好，但沒有共同合作。

亞當召集了一個小型但有力的董事會，設立一個網站，標示城裡各處的活動。現在，這些小團體的努力都展現出來，形成第蒙的一個朝向共同目標的大型運動，而不是零星分散的行動。亞當與他的團隊組織志工活動，名爲「第蒙缺少了什麼」（What's Missing Des Moines）。來自城裡各處的人們出席，一起討論不同永續項目的活動與團體。大家談到希望第蒙市可以提供些什麼。那些活動帶來了更多的人脈與新合作計畫。「我們的計畫找出缺少的板塊。人們原本就有意願幫忙，我們只是告訴他們哪裡可以投入時間與精力，」亞當說，「我們成功地做了很多有益的工作，盡量減少重複的部分，這意味著所有和我們有相同願景的人，都能夠產生最大的影響力。」

請注意，亞當不需要成立各式各樣的委員會、非營利機構與團體以實現他的願景。他的目標是增強早已十分活躍的團體，幫助他們實現他們的願景。亞當對他的社群很大方，爲自己與周遭的人建立起連結。他運用的一些基本概念，我們都應該銘記於心。與人們會晤時，要抱持溫暖的態度，微笑並叫出他們的名字，有助於建立連結。認識對方之後，一定要有後續動作。與他們聯絡，感謝他們與你的交談；你可以在臉書發個訊息或發一封電郵。無論透過何種形式，要確保他們了解你十分重視能與他們結識。

人脈活動普遍給人造成刻板印象的原因是，以前那是少數能夠認識人的方法之一。現在不是這樣了。網際網路改變了我們聯絡志同道合的人、團體與組織的方式；我們不需要忍受那種活動，只為了認識一個我們眞正想要結交的人。

聯繫你有一陣子沒講過話或見過面的人，問他們能否視訊通話或喝個咖啡，聊聊近況。第四章〈建立自信〉提過的波蒂亞．芒特，在擔任作家、演講人、母親與財富五百大企業行銷主管的忙碌生活中，總會在每週的行事曆上安排時間這麼做。「我會寄一篇對方感興趣的文章給社群裡的某個人，或者聯絡我有一段時間沒講過話的人，寄一封簡訊給他打招呼。我也喜歡親筆寫信。尤其是現在，人們格外渴望實際的聯繫，」波蒂亞說。正因如此，我們應當謹記卡內基的建議：微笑，切記人們喜歡別人叫出自己的名字，而且想要知道自己是重要的。

對麥可來說，做志工與服務他的城市，為他的生命帶來了莫大的機會。雖然志工需要投入時間，卻是在幫助他人的同時建立社群的好方法。

☺ 找尋共同目的

愛德華多·昆特羅·克魯茲（Eduardo Quintero Cruz）從他父親身上學會建立互惠關係的重要性。愛德華多觀察力敏銳，他注意到父親與他人的互動；他總是著迷於他們的對話。有一天，他問父親為何那麼留心客戶、友人或他們小孩的生日。「因為他們是人，而人很重要，」他的父親說。這個答案再明顯不過了，然而愛德華多長大後便明白，並不是每個人都這麼想。

那種聯繫與促進關係的溫馨方式，延續到愛德華多成年以後的生活。在谷歌，愛德華多與幾位同事成立了一個員工資源團體（Employee Resource Group），因為他們想要認識公司裡的其他拉丁裔人士。谷歌有十萬名員工，在這種大公司很難認識別人，而員工資源團體可以幫助他們聯繫。「起初，我們的目標是聯絡別人，後來變成一個龐大的團隊與團體，不僅連結起人們，也為想要推進自身職涯的人創造了機會，」愛德華多說。

這個團體成爲數千名世界各地成員的一個社群。他們舉辦會議，提供合作與學習的機會。他們爲較低職等的人或想在公司裡轉換工作的人提供機會，尤其是支援美國與世界各地的拉丁裔人士。瑪莉亞颶風重創波多黎各之後，他們派出一隊志工協助救災。對愛德華多來說，看著這支團隊變成一股行善的力量，令他感到莫大安慰。

波蒂亞認爲，社群是用輕鬆的方式去幫助別人的一個方法。「舉個簡單例子，我曾在《哈佛商業評論》讀到一篇成爲盟友的有趣文章，於是在推特上轉發。那篇文章的一名共同作者碰巧看到了，便留言問我是否有意聊一下，」她說。波蒂亞說她很高興能跟他們聊一聊。「我在談話前瀏覽他們的網站，發現我們的工作有很深的連結。看似瘋狂卻又如此正常，一切都源於我們之間一場很棒的對話。而這都是由於我分享了他們的文章，」她說，「你必須在生活裡空出時間來做這種事，也就是眞正去認識別人、感到好奇，以及願意與人連結。」

你可以進行篩選及鎖定目標，特別是在你想要建立一個具有共同願景的社群之時。並不是每個人都有相似的願景。第七章〈處理壓力〉提到的涅金．阿茲米，在她年輕時便開始建立她的社群。她很早便明白不要瞎忙，或者浪費時間在不會爲她的人生加值的活動。她決定不要在社群媒體上追蹤太多人，也不跟價值觀不一致的人維持關係。「年輕的時候，我想要許多朋友，但我已學到建立眞正關係的原則，而且我也沒有時間跟一大群人打交道，」她說，「所以，我選擇和價值觀相同的少數人建立良好關係。」

☺ 為他人創造機會

要記得，社群是一條雙向道。有時候是某人幫助了你，給你一個住的地方或一份工作。記得以後也要這樣去幫助別人，照顧社會裡的邊緣人，他們或許不像你一樣有關係可以依賴。

摩西・姆貝塞哈（Moses Mbeseha）在家人與社群成員的圍繞下長大。他跟許多表親與大家庭同住，朋友們時常在他們家裡出入。「成長時，我們的一切都必須跟人分享，這不僅能確保每個人都能得到一份，也是建立友誼與和諧的方法。」摩西高中時在基督教青年會（YMCA）當志工，每個星期日，他們家都會請整個教會的人在禮拜之後吃早午餐。由於父母爲了工作而四處旅行，因此摩西學會請別人幫忙。「我的生活仰賴社群，他們總是陪在我身邊。『你想要踢足球？我們來玩。你需要搭便車？我載你一程。你需要有人教你怎麼做這個？我來教你。』」他所建立的關係是互惠性質，有獲得、也有付出，大家總是願意幫忙。

這種心態並未在摩西搬出老家後結束。「總是有人幫助我，所以在我上大學後，我想著：『嗯，我可以幫助誰呢？我可以做點什麼、再付出一些？我有什麼資源可以作爲起始點？』」摩西二十五歲左右時，跟一名大學友人共同創立「覺察連結」（Conscious Connect），這個組織爲低收入地區的兒童提供機會，爭取兒童在教育、文化、衛生與安全的公平權益。他們首先協助改變「書籍沙漠」——美國有些地區，每三百名兒童才有一本書。他們捐贈多元作者撰寫的文化相關、年齡適宜的書籍，打造文化綠洲。二〇一五年以來，他們已在俄亥俄州大邁阿密谷（Greater Miami Valley）地區捐贈逾六萬本書。

當摩西發現俄亥俄州春田市（Springfield）的小孩沒有可以玩樂的公園時，他難以置信。「我要找遍每個地點，務求在未來兩年讓孩子們有個公園，」他告訴自己。摩西指出，如果你對一件事有熱情，眞心希望實現它，不妨從身邊的社群著手。所謂的做出改變，未必是要改變世界。「想想你的鄰居、社區的問題，然後加以解決，」他說，「找出合適的人。我不是每件事都自己來。我有了什麼想法之後，便立即找出兩、三個我希望他們參與的人。接著由我帶頭，而我知道他們會在我前進時給予支持。」藉由找到適合某項工作或是對某個項目有熱情的人，摩西爲他人創造了工作與服務的機會。

☺ 僕人式領導

建立社群需要領導能力，即便你不認爲自己是個領導人。就我和麥可來說，領導者是讓別人發揮最好的一面，並在這個過程中建立社群的人。你能否勝任領袖，其實跟你本身無關；重點在於你能爲了更高利益與他人合作完成什麼。人們時常問我最景仰的領導人是誰，我的答案一直都是艾倫．穆拉利（Alan Mulally），前任波音與福特汽車公司執行長。他營造正面的「合作」文化，讓垂死的公司大復活。《西雅圖時報》稱他爲「好人先生」（Mr. Nice Guy），說得一點都沒錯。我與艾倫相識多年，他是一位特別的「好人」。他對結果很堅持，對自己的價值觀毫不妥協，絕不容忍傷害人或文化的行爲。

艾倫拯救了波音公司，免於在九一一恐攻事件之後破產，並在之後五年將該公司轉型爲合作型健康職場文化的標竿。二〇〇六年，他接到福特汽車公司的電話，他們需要他的協助。當時，艾倫認爲沒有什麼會比九一一之後的飛機製造商來得更慘烈；不過，他錯了。福特瀕臨破產，他們需要奇蹟。

執行董事長比爾・福特（Bill Ford）將福特的境況對艾倫坦誠以告，沒有加以粉飾好讓自己體面一些。比爾重視公司命運勝過自己的自尊，因而邀請艾倫過來主事。艾倫欣賞比爾的坦白與責任感，也想在公司內部培養這種態度。他對公司員工設定的兩大目標是誠實與盡責，再也沒有祕密。每個員工都要參與這項流程，不論他們是什麼職銜。他們需要全體合作，才能讓福特脫離困境。

艾倫花時間仔細觀察公司，研究競爭對手的車廠，重拾創辦人亨利・福特的最初理念；最重要的是，他會問問題。儘管位居執行長高位，他知道自己並不擁有全部解答，因此他需要公司所有人的回饋。「謙卑的相反是傲慢。那是毒藥，因爲那表示你自以爲知道所有的答案，指揮所有人該去做什麼。」艾倫說，「作爲領導人，有時你知道的細節比別人少。因此，提出問題、感興趣、保持好奇心是很重要的，而不只是告訴別人去做什麼。」

有了這些資訊，艾倫擘畫出一份詳盡的行動計畫，分享公司的願景。與此同時，管理團隊持續提供意見，艾倫也從未停止與團隊及客戶溝通。他是去解決問題，但同時也是啦啦隊長。大家都明白艾倫力挺他們——他為公司而奮鬥，也公開肯定轉型。因為艾倫對福特有信心，整家公司也開始有信心，沒多久，美國也對該公司有了信心。艾倫上任短短三年，福特便由瀕臨破產轉變為全年獲利二十七億美元。又過了兩年，福特成為全球最賺錢的汽車公司。

艾倫明白，成為一名好的領導者，意味著你必須相信身邊的人，並學會與他們共事。「領導人會為文化定調……我發現最重要的事情是，你這個人的本質之於你的領導效率最有關係，勝過你所做的事。」艾倫表示，這一切始於童年時、母親在早餐時跟他說：「如果你學會如何與人合作，便能眞正做出很大的改變。」

艾倫體現了傑出領導人的核心特質——可靠、有同理心、有理想、不斷學習。他不但締造了可觀成果，而且是用讓大家共同參與的方法，像一個團隊齊心協力，讓每個人發揮出最好的一面。那便是麥可和我認同的僕人式領導。[1]

你這個人的本質、你如何與身邊的人共事，遠比你的頭銜來得重要。我們發現，一些最具啟發性的領導人——亦即影響深遠的領導人——會秉持真心，將他人置於優先位置。在教導領導力的一百一十年來，卡內基訓練課程見證了人們更願意跟隨會親自溝通、忠於自我、有道德且重視他人的人。

掌舵

TAKE COMMAND

想要實現願景的話，你需要社群。一個人無法獨力完成；我們需要志同道合的人來幫忙，回過頭再去幫助他們。在卡內基，我們總是說：「人們會支持他們協助創建的世界。」大家合作之下，一個關懷彼此及關心世界的社群，所具有的力量與影響將無可取代。

原則：找尋與他人的共同目的

行動步驟：

- **想想你現在生命中的人們。**你認識哪些有著類似願景與價值觀的人？你們如何互相協助，以達成你們的願景？
- **擬定慷慨付出時間的計畫。**你可以花多少時間來打造你與他人的願景？
- **為別人創造機會。**你如何為別人打開大門，以協助他們實現目標？今天你可以向誰介紹什麼人，從而可能改變那個人的生活軌跡？
- **追求可以增進相互成長的社群。**想想你的交友圈。他們支持你的目標嗎？他們是否有在追求什麼願景、抑或漫無目的地生活？如果是後者，你得去尋找符合你的目標與價值觀的社群、社交團體或組織。結交會支持你一路成長的人。

17 改變世界

為他人無私奉獻的少數人，在這個世界上擁有巨大優勢。

——戴爾·卡內基

我的父親總是說：「珍惜人生。記住，無人活著離開世界。」他說得對。每一天都有可能出現新的喜悅、聯繫、貢獻與意義。隨著每一天消逝，我們的日子越來越少。我們無須消極或負面，這只是事實的陳述。這提醒我們，有朝一日終將離去。我們要如何運用擁有的時間？我們是否想留下一個比最初更好的世界？我們想要對這個世界或身邊的人帶來什麼影響？

到目前為止，我們已經學習過增強自己的決心、管理想法和情緒，以及培養勇氣與韌性。我們也學習如何建立更長久的人際關係，開始專注於何謂有意義的人生。本書的一切——每一章、每項原則和概念——帶領我們到這裡。現在，我們來談談創造眞正的不同。我們大多數人都夢想做到這點：留下某些影響，讓世界更加美好。但要做到這點，我們首先要肩負責任。責任是一個沉重的字眼，然而，沒有責任就很難留下影響。

胡安．巴勃羅．羅梅洛．富恩特斯（Juan Pablo Romero Fuentes）形容他在瓜地馬拉霍科特南戈（Jocotenango）度過的童年充滿「續發性痛苦」（secondary pain）。他的朋友們成長的環境中，家人多犯有毒癮、攻擊及黑幫暴力的問題。黑幫生活不是胡安的朋友長大後的夢想生活；他們想要成為足球選手，有錢養活家人與朋友，過上好日子。可是，他們沒有什麼資源能夠創造那種生活。沒人可以保護他們的安全，街頭成為他們的遊樂場。

胡安的家庭並不富裕，但足夠打造穩定基礎。他的父親是教師，母親是牧師。他們建立子女的價值觀；胡安總是有人照顧，有食物吃，而這是他的朋友們所沒有的。

胡安上了大學，但無法應付學業，第一學期就讀不來。有一天，在心理學的課堂上，老師叫他離開，因爲他問太多問題了。「當下我便明白我不適合這種學校。我跟老師說了聲謝謝，因爲那是一間大學所能提供的最棒教訓。我離開前告訴他：『有一天，我要建一所學校，每個學生想問多少問題都可以。』」

胡安回到家以後，找到了自己的目的。「我有很多朋友在坐牢，或者死於黑幫暴力。有的人失蹤了。看到這麼糟糕的情況，我很難過，」胡安說。他看見孩童依然在破舊街道上玩耍，依然面對暴力與毒品的問題。「假如沒有人解決犯罪問題，下一代和下一代都將遭遇相同情況，」他說，「我想：『我們必須保護這些孩子的生活，讓他們有未來可言。』」

胡安沒有被情緒控制，而是讓悲傷與憤怒來鼓舞自己。思索一番以後，他覺得這個問題是可以解決的。他知道，想要改善狀況的話，他必須負起責任，儘管這不是他造成的。

胡安想要幫助人們，但他不希望成爲嚴苛學校體制的一部分，讓孩子們覺得受到拘束。胡安有個主意：他所去過最安全的地方就是他家。那是一棟簡樸老房子，栽種花朵、柑橘樹，充滿父母的愛。因此，有一天他找父母懇談，說他想在家裡辦一所學校。

「你瘋了嗎？」他們問道。

「我們要把這裡打造成其他孩子的安全場所，如同你們為我做的。我們要為外頭沒有機會的孩子做這件事。如果我們不為他們做點什麼，這些孩子將沒有任何未來，」胡安說。

他的熱情使得父母同意他使用他們家的房子。「那是別人為我做過最美麗的、出於愛的舉動，」胡安說。

剛開始，孩子們不感興趣。「我告訴他們，我要辦一所新學校。當然，孩子都討厭學校，所以不肯來。」

胡安保持信心。過了三星期，情況仍不妙。有一晚，他思索需要做些什麼改變。「我最大的心得是，我默不作聲的話，我想要做的事永遠行不通。我決定去問他們想要什麼，」他說。

翌日，他找了附近的一群孩子，跟他們說：「這裡有空間、有食物，歡迎你們來。你們想做什麼？」他們肚子餓，所以食物引起了他們的興趣。於是他們問：「我們可以看電視就好嗎？」那一天，三個孩子來了。下一週，十個孩子來了。

胡安明白，孩子們需要有一些基礎才能開始上學。這些小孩每天都吃不飽，許多人家中沒有可靠的父母或親戚為他們煮飯。所以，胡安教他們生活技能，例如怎麼採買食物、烹飪和洗碗。他們的課程以藝術為主，讓孩子們自由發揮創意。他們玩音樂，繪畫，讀詩，學霹靂舞。等到有了成就感與喜悅，他們才開始教育。

六個月後，胡安的學校學生多到需要請志工，開始募款，尋找足以容納所有學生的學校建築。「重要的不是溝通『你的』願景，而是傾聽別人，了解他們的需求，」胡安說。之後的八年，他和擴編的員工一起設計課程，將學校發展為一個組織，名為帕托吉斯摩（El Patojismo），協助貧困兒童學習人際關係技能、專業技術和學術技能。由於胡安的努力，他被美國 CNN 英雄（*CNN Heroes*）電視年度特別節目提名為二〇一四年十大英雄。

胡安把榮耀歸於啟發他行動的孩子。「因為孩子說他們肚子餓、害怕、被父母打，生活在街上，沒東西吃——那些事情令我心碎，不是因為同情，而是因為憤怒。憤怒加上愛心，才能產生讓你行動的希望。他們給了我希望，因為他們帶著痛苦來找我，期待我能幫忙治癒他們，」他說。

讓世界變得更美好，可以由一個簡單意圖開始。胡安並非從一開始便決定要當個領導人，創辦一個贏得國際興趣的組織。他希望他的人生對他人而言是重要的，帶來深入且持久的影響。他起初是要讓附近孩子的生活變好，開放自己的家，給他們食物，以及白天可以待著的安全地方。但在他的奉獻之下，他爲自己的才華找到出口——他的藝術、音樂與創意願景，以及協助別人的渴望。他的努力帶給他強烈的成就感與喜悅感；到他的人生盡頭時，他將知道他已爲社群的人帶來不同。

我們如何讓自己的人生有意義？在《第二座山》（*The Second Mountain*）一書中，《紐約時報》專欄作家大衛・布魯克斯（David Brooks）談到我們人生中會面對的兩座山。第一座山是我們視爲的成功：上學，選擇職業生涯，建立家庭，培養身分認同，賺錢。「第一座山的目標是我們的文化普遍贊同的目標……受到肯定，獲邀加入合適的社交圈，感受個人快樂。」他說。

然而，世事多變。假如我們不練習提升思想、面對情緒，便會因爲失敗、失去摯愛的傷慟或者重要關係終結，而從第一座山墜落。甚至，當我們明白成功不代表一切時，也會從第一座山墜落。我們可能在這種時候苦苦掙扎，幸運的話，我們或許會在掙扎之中發現第二座山——更有意義的一座山。「第二座山並不是第一座山的相反。登上第二座山並不代表拒絕第一座山，」布魯克斯解釋，「爬第二座山的方法與第一座山不同。你征服第一座山……但被第二座山征服。你受到某種召喚，你盡一切努力去回應召喚，解決眼前的問題或不公不義。」第二座山是全心全意爲身邊的人服務。

假如我們足夠幸運，假如我們有意圖地過生活，便可成爲「第二座山」的人。我們可以過有意義的人生，讓世界變得更美好。當我們投注生命去行善，便可能發現以往不知道的內在目的。雖然我們可能憂慮自己沒有那種條件，但創造改變以及爲他人服務的人生，將爲我們在身後留下傳承——即便我們每天只採取小小動作來做那些事。等到你讀完本章，我們希望你相信自己可用所能做到的方式去創造改變，並且有勇氣去實行。

很多時候，人們不認爲自己可以爲現況帶來正面影響，這令我想到洛倫·艾斯利（Loren Eiseley）所說的「拋海星的人」（The Star Thrower）。故事是這樣的：一個人在一場大型暴風雨過後走在海邊，觸目所及的廣大沙灘上，密密麻麻地散布著海星。他注意到，遠方有個小男孩走在海水邊緣。那個人看到男孩從沙灘上撿起了什麼丟進海裡。那個人說：「早安！我可以請問你在做什麼嗎？」

小男孩抬頭說：「把海星丟進海裡。海浪把牠們沖上沙灘，牠們無法自己回到海裡。日正當中時，牠們會死掉，除非我把牠們丟回水裡。」

那個人說：「可是，這個沙灘上一定有成千上萬的海星。我覺得你沒辦法造成多大的改變。」

男孩拾起一隻海星，使盡全力丟進海裡。然後，他微笑著對那個人說：「這對那一顆海星來說就不一樣了！」

作爲朋友、同事、領袖、父母及公民，我們要如何成爲身邊人的「拋海星的人」？我們每天都會遇到唯有你我的天賦、憐憫與仁慈才能滿足其需求的人——我們不把握的話，機會便溜走了。卡內基在《人性的弱點》寫道，他在鏡子貼上這句話，每天看一遍，以激勵他的行動：「我只會經過這世界一次，因此，任何我能做的善事、我能展現的仁慈，讓我現在就做。不要讓我延遲或忽視，因爲我將不會再來這裡。」當我們找尋機會時，要盡全力改善既定的情況，全力協助；無論結果如何，我們都已對更美好的世界做出貢獻。

看到路易斯安那州巴頓魯治的黑人艾登．史特林（Alton Sterling）被警官殺害的新聞以後，尤肯迪・瓦德茲（Yulkendy Valdez）決心成爲社會正義倡議者。她在實習期間搭火車去工作時看到這則新聞，崩潰大哭。這類新聞尤其觸動尤肯迪，因爲她畢業的密蘇里州佛古森（Ferguson）學區，數年前也曾發生一名警官槍殺黑人麥可・布朗（Michael Brown）的案件。她不希望活在種族暴力成爲常態的世界。

尤肯迪當時在一家創新顧問公司實習。她正在面談一份正職職位，她知道這份工作將帶給她財務上的穩定。但是，看到艾登・史特林的新聞之後，公司同事的漠不關心令她震驚；他們專注在每日工作，準備客戶簡報、設法讓自己被人注意、推動進度。「我的內心覺得世界崩塌了。我覺得這樣不對。」她說。

一開始，她不知道可以做出什麼改變。種族歧視是普遍且系統性的問題，她不確定單憑一人能否造成影響。同時，尤肯迪感受到沉重的期望。她的家庭從多明尼加移民到美國，她覺得畢業後必須立刻找到工作以照顧家庭。她也想盡到自己的責任，好讓弟弟不必像她一樣對金錢焦慮。

尤肯迪排定公司最終面試的日程，正巧碰到她有機會去洛杉磯會晤多元化領域的教育工作者及社會活動者。她不但受邀，也不必負擔費用，只要出席即可。她糾結於選擇第一座山或第二座山。最後，她無法拒絕第二座山。「我被征服了。我沒有參加『應該參加』的公司面試，反而飛去了洛杉磯，協助設計社會企業的課程。」夢想的力量壓過了她的懷疑。雖然她知道可能會讓家人失望，但她在那趟洛杉磯之旅找到自己的天職。她決定全職推動，創設一家公司來協助年輕的有色人種專業人士，並教導企業領導階層共融的領導技巧。

「我知道我不能等，我想要利用我的才能去做好事，」她說。她拒絕了進一步的面試，在大四那年也不應徵工作。她花時間發展自己的公司——前線（Forefront），跟商業夥伴會面。二〇一九年時，她獲得二〇一八年度駝峰創業獎學金（Camelback Ventures Fellowship），並在二〇二〇年入選《富比士》三十歲以下三十位（30 Under 30）社會企業家。尤肯迪現在就職於「看得見的手」（Visible Hands），這家前種子（pre-seed）基金公司投資於遭到忽略的創業家。她進行前期投資，爲其他企業家鋪路。

助人的方式有很多——在非營利機構擔任志工或無償工作；創立公司、利用業務去行善；選擇符合自身目的與價值觀的職涯等等。或許你決定每年捐款支持你關注的運動。想要形成影響，並不一定需要大規模行動。

我的父親是一名康復的酗酒者，他已經五十一年沒有喝酒了。我的成長過程中，他從未告訴我，他是一名康復的酗酒者，不過每週兩到三次，他會說他要去參加鎮上會議，實際上是去戒酒無名會（Alcoholics Anonymous）。我以前以爲他十分熱中公民事務，後來我跟母親開玩笑說，父親觸發我對政治的興趣，因爲我以爲每個人都應該熱中政治。我不介意他在我小時候誤導我；長大後，他解釋了一切，而我了解他對往事感到極爲難堪。令我驚訝的是，二〇一七年父親過世，葬禮上人們不斷過來找我、告訴我，父親拯救了他們的人生。顯然，他是當地戒酒無名會團體的傳奇人物，因爲他超過五十年滴酒不沾。他會鼓勵正在戒酒的人，只要撐過那一天就好。即使他在職涯中極爲忙碌，還是抽空見他們。他會請他們過來，跟他們喝咖啡，給他們加油打氣。父親給了他人希望，但我想他從不知道他爲別人帶來多少影響。他對自己的人生是有意圖的，也想幫助面對相同困境的人。藉由碰面、展現眞正的自己，他鼓舞了身邊的人。

史考特・史提比茲（Scott Stibitz）被診斷出罹患阿茲海默症的時候，他感到絕望且悲傷，可是，他沒有花太多時間自憐自哀。確診後沒多久，他決定要在剩餘的時間裡盡量過著充實生活。他規劃了幾趟家族旅行，前往他曾經住過的地方，比如西班牙巴塞隆納；以及他一直想要去的地方，像是田納西州曼斐斯。這些旅行對他意義重大，但最重要的莫過於他的志工工作。對他來說，沒有什麼比在他還有能力時、盡量去助人更重要。由於他的血型很罕見，他在幾年間捐了將近一百九十公升的血。他救助動物，作爲中途之家。他在早已無法閱讀之後，仍然購買他最愛的書籍捐給圖書館，好讓買不起的人也能讀到傑克．李奇（Jack Reacher）的最新小說。他志願去幫助失智症晚期的人，帶他們去看醫師，整理他們的家，照看寵物。直到生命盡頭，他都在照顧別人；人際關係對他而言最爲重要。

他所做的事情都是在當地的小範圍內，但他深深影響了身邊數十人，讓他們的生活變得更好。卽便是在人生終點、面對最痛苦考驗的人，也能選擇爲他人而活，用自己所能做的方式助人。

想要眞正影響別人，便要做眞正的你。當我們活出眞正的自我，就能對世界帶來有意義的影響。

掌舵

TAKE COMMAND

我們每個人都有責任去做我們所能做的事，使世界變得更美好。我們堅決相信，人生就是要運用我們的獨特天賦去創造改變，以及「得到很多的人，也要付出很多。」[1]無論秉持何種價值觀，都應該追求個人成長、同理心，對身邊的人做出有意義的貢獻。一旦徹底領悟這些事情，我們就已走向掌舵人生的方向——找到內在力量，建立持久關係，過著我們想要的人生。

原則：讓你的人生有意義

行動步驟：

- **為他人服務的人生對你有何意義？**你預見到什麼？
- **想想人生的第一座山和第二座山。**「第二座山」對你而言會是什麼意義？

- **想想你已經透過什麼方式在幫助人們。**你如何做得更多？你還能再做哪些事情？
- **看看你的社群，提出你可以協助的方式。**擬定計畫去實施。
- **堅持做到最好，做你所能做的事。**

結語 Conclusion

在撰寫本書的過程中，麥可和我與數百名年輕人談過。他們的故事讓我們對未來更有希望、更加振奮，勝過我們剛開始寫書的時候。我們訪談之人才華洋溢，卓然有成，決心打造美好的世界。看到他們在面對逆境時培養強健心態、深層勇氣和強大韌性，我們因此備受鼓舞。這些人眞心想要把自己的知識付諸行動，改善身邊的人的生活。我們希望他們的故事激勵你爲自己的人生掌舵，如同他們激勵了我們一樣。

當你擷取本書最有共鳴的章節付諸實行之後，你也會培養出心態與技能，在你的世界做出有意義的改變。我們希望你擘畫人生願景，分享所學，鼓勵身邊的人採取類似行動。你可以成爲催化劑，解鎖自己的偉大與生活中其他人的偉大。

本書最大的理想是成爲一項運動，讓人們利用本書來形成社群，使世界變得更好。

本書是我們個人使命的一部分，我們視之爲贈予後世子孫的永恆禮物。我們希望你在閱讀本書及採取行動之後能獲益良多，人際關係更爲豐富，方向更加明確，打破拘束你的心理與情緒限制。我在寫這本書的過程中便是如此——我將所寫的付諸實行，結果，我成長爲更加強壯的人。

至此，你或許會說：「我想要更多。我該如何不斷前進及成長？我還能做些什麼？」我們有三點建議：

- **考慮上卡內基訓練課程**。如果不是上過卡內基課程，麥可和我不會寫出這本書，也不會感受到人生中那麼多的豐盛體驗。我在二十七歲完成第一次卡內基訓練之後，最大的後悔是沒有早一點去上。我決心讓我的每個小孩到了一定的年紀，便去上卡內基課程。他們六個都去上了，影響相當顯著。卡內基訓練課程中，會有多才多藝、獲得認證的講師與你一對一上課，也有團體課程會練習本書談到的原則。講師會著眼於你的成長，提供一定程度的個人支持與盡責。卡內基訓練課程有實體與網路課程，世界各地都有，以三十二種語言進行。我們的建議：來上課。你不會後悔的——這或許是你給自己的最重要禮物。更多資訊請上：www.dalecarnegie.com。

- **讀戴爾．卡內基的書。**我們大力鼓勵你閱讀戴爾．卡內基的兩本最著名、最暢銷的書，《人性的弱點》與《卡內基快樂學：如何停止憂慮重新生活》。這些書雋永經典，已有數千萬人讀過。讀完後，你將對本書的概念有更深入的了解，你可以親身感受到戴爾．卡內基的聲音與智慧。更多資訊請上書店網站或任何你喜歡買書的地方。
- **加入「掌舵」社群。**我們將持續提供內容、省思、成功故事與資源，協助我們的讀者在未來掌舵。更多資訊請上：www.takecommand.com。

無論你決定怎麼做，請不要讓旅程止步於此。請不斷建設、成長與掌舵！

・謝辭 Acknowledgments・

首先，我們要感謝西蒙與舒斯特出版公司的編輯團隊，包括普莉希拉・潘頓（Priscilla Painton）、艾蜜莉・西蒙森（Emily Simonson）、布里特尼・亞當斯（Brittany Adames）和漢娜・帕克（Hana Park）。他們敦促並挑戰我們轉換思維，用不同角度看事物。我們永遠感激他們把本書變得更好——而且是用十足卡內基的方式。他們是這項企劃中永保愉悅、具合作精神、反應積極、負責任的管理員。西蒙與舒斯特出版公司讓第一本卡內基的著作問世，對我們意義重大，我們感激能與他們合作，以延續這項傳統。特別感謝史都華・羅伯茲（Stuart Roberts），從一開始便督促我們要深入思考如何接觸到我們的目標讀者，他在整個過程中的建議大幅改變了我們的方法。

感謝莎拉・史提比茲（Sara Stibitz）和費絲・史密斯—普雷斯，妳們是幫助我們寫作本書的傑出又堅決的合作者。妳們的出色工作，讓麥可與我實現我們的掌舵願景。我們努力工作多月，妳們讓這個過程變得有趣。感謝妳們的精彩對話、趣聞軼事和熱烈辯論——教導我們，作者可分爲「反覆修改」（swoopers）與「一次到位」（bashers）兩種。感激不盡。

感謝唐娜・戴爾・卡內基（Donna Dale Carnegie）從一開始便支持本書。妳總是用對於令尊傳承的熱情以及不動搖的決心來鼓舞我們。妳支持透過本書讓年輕讀者接觸到令尊的智慧，對我們極爲重要；妳相信這項使命與我們的願景，對我們意義重大。

艾倫・穆拉利，我們的朋友和導師，不斷用他的真誠、正直、慷慨、謙卑、愛與服務來激勵我們。感謝你大力支持戴爾・卡內基和我們。

特別感謝布蘭達・強森（Brenda Leigh Johnson），查證戴爾・卡內基的史實；克里斯・考厄爾（Chris Caughell）共同領導我們的顧問委員會，讓人量的對外接觸無縫進行；克里夫・黑克曼（Cliff Heckman）愉快地堅持讓我們在這項計畫中走在正軌上，即便有時像是在趕貓一樣。

感謝卡內基大師暨訓練副總裁埃瑟爾・查爾斯（Ercell Charles），我們稱爲「聖火守護者」——感謝你守護卡內基精神，每次都帶來新點子與活力。

感謝克里斯汀・布斯卡里諾（Christine Buscarino）的耐心聆聽、卓越見解與一路的支持。

感謝所有提供故事的人：亞當・哈梅斯、艾倫・穆拉利、艾力克斯・施華蔻、艾莉・洛夫、安迪・辛斯邁斯特、阿提斯・史蒂文斯、布萊恩・雅布隆斯基・強森、考倫・紹布、卡麥隆・曼恩、卡蜜兒・張・吉爾莫、卡洛斯・古比亞、丹妮拉・佛南德茲、大衛・巴里歐斯、黛柏拉・安・馬克、愛德華多・克魯茲、珍奈・李里亞諾、許珍妮、潔西卡・桑提亞哥、約翰和貝蒂・馬伯斯、胡安・巴勃羅・羅梅洛・富恩特斯、卡拉・努南、凱蒂・迪爾、啟斯・法拉利、柯絲蒂・泰格、莉雅・嘉柏利、路克・馬奎爾・阿姆斯壯、馬歇・葛史密斯、麥可・穆倫、米契亞・羅赫森、米莉安・杜阿特、摩西・姆貝塞哈、涅金・阿茲米、妮可・克羅姆、波蒂亞・芒特、羅恩・卡特、陳萊恩、史蒂芬・克拉斯柯、塔瑪拉・佛萊徹、提姆・萊利、王溫蒂、陳小華、葉瑟妮亞・阿奎瑞、尤肯迪・瓦德茲、尤里・克魯曼及其他想要匿名的人。雖然我們無法納入我們聽到的所有故事，還是要感謝每個分享成功、失敗、智慧和心靈的人。你們給了我們無比的啟發。你們大家讓我們對未來熱切期待。我們兩人都覺得你們是我們人生裡交談過最有趣的人，你們讓我們覺得你們可以愚公移山，爲世界帶來眞正的改變。感謝你們坦誠分享自己的體驗。你們的眞實性爲本書注入生命。

感謝我們無比傑出的顧問委員會：布萊恩・雅布隆斯基・強森、卡麥隆・曼恩、達雷爾・皮克林（Darrell Pickering）、黛安娜・梅嫩達斯（Diana Menendez）、加維爾・納基（Gaweed El Nakeeb）、潔西卡・桑提亞哥、喬・加農（Jce Gannon）、卡拉・努南、卡迪賈・克拉布（Khadidja Guerrab）、柯絲蒂・泰格、米莉安・杜阿特、娜塔莉・格雷曼（Natalie Glaneman）、尼可拉斯・麥可穆倫（Nicholas McMullen）、茨維傑琳娜・卡瑪洛娃（Tsvetelina Kemalova）和王溫蒂。你們都很了不起。在原已滿滿的行程之外，又貢獻無數小時。你們提供的建議，對本書的原則、結構和重點產生巨大影響。你們提供的多樣性和觀點，大大增強我們讓本書接觸到全球受衆的能力。你們用熱情與眞誠關心成爲卡內基原則的典範。我們感謝你們每一位。

感謝卡內基機構分公司及其團隊，以及我們的卡內基訓練團隊，感謝各位的努力。你們合作將戴爾・卡內基的智慧傳達給世界各地的人們，讓他的夢想長存。我們萬分感激各位參與這個願景。

感謝我們的股東和董事會支持我們寫作本書，一直大力支持與相信卡內基品牌。感謝你們的投資以及對我們的信心。

感謝所有的客戶，信任我們能幫助你們解鎖自己的偉大與他人的偉大，你們正是我們努力的原因。能參與你們的旅程及你們的成功，我們心懷感激。

喬的話

我想感謝並讚揚我的家人：妻子凱蒂；子女艾比（Abby）、愛莉（Ellie）、美琪（Maggie）、瑪莉凱特（Mary Kate）、湯瑪仕（Thomas）和強納森（Johnathan）；家母羅莎莉（Rosalie）；我的哥哥布萊恩（Brian）。我愛你們，很驕傲及感恩有你們作爲家人。本書耗費大量時間與努力，你們始終支持我。我想要稱讚你們的犧牲。我一直明白，很長的時間以來，你們必須忍受配偶、父親、兒子或兄弟的缺席。致父親喬：我很想念你，我知道你以我與本書爲榮。致母親：妳一直在我身旁，不可能有比妳更慈愛無私的母親。致凱蒂：一如以往，妳的支持不可思議。妳陪伴我所做的每件事——毫無責怪、自私或怨言。妳每一次都是全力支持，沒有妳，我無法達成一切，我全心愛妳。

麥可的話

致妻子南熙，妳從一開始便全力支持我進行這項計畫，並爲我感到高興。感謝妳的慷慨；本書耗費我大量的時間，妳一直保有耐心並鼓勵我。致女兒妮可，感謝妳閱讀初稿，一頁一頁分享妳的想法與意見。妳的支持太棒了。致兒子艾力克斯，感謝你分享你覺得讀者對本書的概念與原則可能有什麼反應。你提供了無比的清晰性。最後，感謝我的父母歐立與蘿絲瑪莉．克羅姆，一生以身作則，鼓勵我活出有意義的人生。

第 14 章　有意義的人生

1. Mark Manson, "Personal Values: How to Know Who You Really Are," *Mark Manson*, January 22, 2021, https://markmanson.net/personal-values.

第 15 章　擬定人生願景

1. Proverbs 29:18, King James Version, https://www.biblegateway.com/passage/ ?search=Proverbs%2029%3A18&version=KJV, accessed June 19, 2022.

第 16 章　打造你的社群

1. 麥可和我強烈推薦布萊斯・霍夫曼（Bryce Hoffman）的暢銷書《美國典範》（暫譯，*American Icon*），該書記錄了艾倫領導福特公司實現卓越變革的經歷。

第 17 章　改變世界

1. Luke 12:47–49 Revised Geneva Translation, accessed June 19, 2022, https://www.biblegateway.com/passage/?search=Luke%2012%3A47-49&version=RGT, accessed June 19, 2022.

（附注請從第 351 頁開始翻閱。）

instagram.com/p/CbtAkssL8cz/?hl=en, accessed June 17, 2022.
4. Callen Schaub (@callenschaub), "I don't have this fully worked out but here is a rough draft. Let's work on it together. . . . What tier do you favor, how can we make this system better. May delete later,," Instagram post, August 13, 2021, https://www.instagram.com/p/CSh4fj6FGnl, accessed June 17, 2022.

第 12 章　應付難搞的人

1. Hedy Phillips, "How to More Effectively Set Boundaries, According to Therapists," *POPSUGAR Fitness*, December 22, 2020, https://www.popsugar.com/node/48026080.
2. Phillips, "How to More Effectively Set Boundaries."
3. Indra Nooyi, "The Best Advice I Ever Got," *Fortune*, April 30, 2008, https://archive.fortune.com/galleries/2008/fortune/0804/gallery.bestadvice.fortune/7.html, accessed June 18, 2022.
4. Kelly Dawson, "How to Leave a Toxic Relationship, According to a Psychologist," *Brides*, updated May 23, 2022, https://www.brides.com/how-to-leave-a-toxic-relationship-5105346, accessed June 18, 2022.

第 13 章　設身處地為人著想

1. Daniel Goleman, *Emotional Intelligence: Why It Can Matter More Than IQ*, 10th anniversary edition (New York: Bantam Books, 2012).

12. Jean Twenge, "Teens Have Less Face Time with Their Friends—and Are Lonelier than Ever," *The Conversation*, March 20, 2019, http://theconversation.com/teens-have-less-face-time-with-their-friends-and-are-lonelier-than-ever-113240, accessed June 16, 2022.

第 10 章　培養信任

1. Erik H. Erikson, *Childhood and Society* (New York: W. W. Norton & Company, 1993).
2. "Where Trust Is High, Crime and Corruption Are Low," Pew Research Center's Global Attitudes Project, April 15, 2008, https://www.pewresearch.org/global/2008/04/15/where-trust-is-high-crime-and-corruption-are-low/.
3. Arthur Ashe, "Quotes," CMG Worldwide, http://www.cmgww.com/sports/ashe/quotes/.

第 11 章　放下批評

1. Carnegie, *How to Win Friends and Influence People*.
2. Ellie Lisitsa, "The Four Horsemen: Criticism, Contempt, Defensiveness, and Stonewalling," The Gottman Institute, April 24, 2013, https://www.gottman.com/blog/the-four-horsemen-recognizing-criticism-contempt-defensiveness-and-stonewalling/.
3. Callen Schaub (@callenschaub), "Shame sh*t different day! Haters as motivators 🤡 🤪 Let's keep making the world more colorful no matter what they say 🌈🌈🌈🌈🌈🌈🌈🌈 #fakeart #fakeartmovement," Instagram post, March 29, 2022, https://www.

2015, video, 12:38, https://www.ted.com/talks/robert_waldinger_what_makes_a_good_life_lessons_from_the_longest_study_on_happiness.

4. Taking Charge of Your Health & Wellbeing, "Why Personal Relationships Are Important," University of Minnesota, https://www.takingcharge.csh.umn.edu/why-personal-relationships-are-important, accessed June 10, 2022.
5. Taking Charge of Your Health & Wellbeing, "Stress Mastery," University of Minnesota, https://www.takingcharge.csh.umn.edu/stress-mastery, accessed June 10, 2022.
6. Taking Charge of Your Health & Wellbeing, "Why Personal Relationships Are Important."
7. Vanessa Van Edwards, "What Makes Someone Charismatic?," LinkedIn, March 9, 2022, https://www.linkedin.com/pulse/what-makes-someone-charismatic-vanessa-van-edwards/?trk=pulse-article_more-articles_related-content-card, accessed June 16, 2022.
8. "How Much of Communication Is Nonverbal?," UT Permian Basin online, November 3, 2020, https://online.utpb.edu/about-us/articles/communication/how-much-of-communication-is-nonverbal.
9. Carnegie, *How to Win Friends and Influence People*.
10. Brené Brown, in "Brene Brown Quotes," BrainyQuote, https://www.brainyquote.com/quotes/brene_brown_553082, accessed June 16, 2022.
11. Catherine Hiley, "How Much of Your Time Is Screen Time?," Uswitch, June 15, 2021, https://www.uswitch.com/mobiles/screentime-report/, accessed June 16, 2022.

health.gov/myhealthfinder/healthy-living/mental-health-and-relationships/get-enough-sleep, accessed June 14, 2022.

第 8 章　培養韌性與勇氣

1. USC staff, "Bina Venkataraman: 'It Takes Courage to Ask: Is It Possible to Do What People Say Is Impossible?'," *USC News*, May 17, 2021, https://news.usc.edu/186442/usc-2021-commencement-speaker-bina-venkataraman/.
2. Dale Carnegie & Associates, Inc., "Developing Resilience in the Workplace," 2020, https://www.dalecarnegie.com/en/resources/developing-a-resilient-workforce-how-organizations-thrive-in-the-face-of-adversity.
3. Lucy Hone, "3 Secrets of Resilient People," TEDxChristchurch, August 2019, video, 16:05, https://www.ted.com/talks/lucy_hone_3_secrets_of_resilient_people.

第 9 章　建立人際關係

1. Dale Carnegie, *How to Win Friends and Influence People* (New Delhi: Sristhi Publishers & Distributors, 2020).
2. Liz Mineo, "Good Genes Are Nice but Joy Is Better," *Harvard Gazette*, April 11, 2017, https://news.harvard.edu/gazette/story/2017/04/over-nearly-80-years-harvard-study-has-been-showing-how-to-live-a-healthy-and-happy-life/.
3. Robert Waldinger, "What Makes a Good Life? Lessons from the Longest Study on Happiness," TEDxBeaconStreet, November

第 7 章　處理壓力

1. Cleveland Clinic, "Stress: Signs, Symptoms, Management & Prevention," January 28, 2021, https://my.clevelandclinic.org/health/articles/11874-stress, accessed June 10, 2022.
2. Amanda Barrell, "Stress vs. Anxiety: Differences, Symptoms, and Relief," *MedicalNewsToday*, April 24, 2020, https://www.medicalnewstoday.com/articles/stress-vs-anxiety.
3. Barrell, "Stress vs. Anxiety."
4. Barrell, "Stress vs. Anxiety."
5. Kelly McGonigal, "How to Make Stress Your Friend," TEDGlobal, Edinburgh, September 4, 2013, video, https://www.ted.com/talks/kelly_mcgonigal_how_to_make_stress_your_friend.
6. McGonigal, "How to Make Stress Your Friend."
7. McGonigal, "How to Make Stress Your Friend."
8. Jessica Sager, "You Can Feel Burnout in Your Body—Here Are the 15 Physical Symptoms to Pay Attention to, According to Doctors," *Parade*, March 1, 2022, https://parade.com/1341134/jessicasager/physical-symptoms-burnout/.
9. Alexandra Michel, "Burnout and the Brain," *APS Observer* 29, no. 2 (February 2016), https://www.psychologicalscience.org/observer/burnout-and-the-brain.
10. Stacey Lindsay, "Why You're Still Tired: Dr. Saundra Dalton-Smith on the 7 Types of Rest We All Need," MariaShriver .com, December 20, 2020, https://mariashriver.com/why-youre-still-tired-dr-saundra-dalton-smith-on-the-7-types-of-rest-we-all-need/.
11. *Healthy Living*, "Get Enough Sleep," MyHealthfinder, https://

Rodriguez's Story Is One of Thriving, Not Surviving," *Vogue India*, January 9, 2020. https://www.vogue.in/culture-and-living/content/acid-attack-survivor-anmol-rodriguez-social-media-instagram-influencer-model.

3. Kristin Neff, "Why Self-Compassion Trumps Self-Esteem," *Greater Good Magazine*, May 27, 2011, https://greatergood.berkeley.edu/article/item/try_selfcompassion, accessed June 12, 2022.

第 5 章　擁抱改變

1. Viktor E. Frankl, *Man's Search for Meaning*, translated by Ilse Lasch, with a foreword by Harold S. Kushner and afterword by William J. Winslade (Boston: Beacon Press, 2006).
2. Angela Duckworth, "What Is the Difference between Resilience and Grit?," DukeEthics Virtues & Vocations Reimagining Education series, July 31, 2020, video, 2:17, https://www.youtube.com/watch?v=05XmoKKrj4M.
3. Susan A. David, *Emotional Agility: Get Unstuck, Embrace Change, and Thrive in Work and Life* (New York: Avery, 2016).

第 6 章　拋開後悔再前進

1. Daniel H. Pink, *The Power of Regret: How Looking Backward Moves Us Forward* (New York: Riverhead, 2022).

com/the-many-gifts-of-positive-emotions/.

3. Nora Marie Raschle et al., "Emotions and the Brain—Or How to Master 'The Force,'" *Frontiers for Young Minds*, September 12, 2016, https://kids.frontiersin.org/articles/10.3389/frym.2016.00016, accessed June 12, 2022.
4. Stamen Design, "The Ekmans' Atlas of Emotion," http://atlasofemotions.org/, accessed June 12, 2022.
5. *Psychology and Counseling News*, "The Science of Emotion: Exploring the Basics of Emotional Psychology," June 27, 2019, https://online.uwa.edu/news/emotional-psychology/.
6. Brené Brown, *Atlas of the Heart: Mapping Meaningful Connection and the Language of Human Experience* (New York: Random House, 2021).
7. Edith Eva Eger, *The Choice: Embrace the Possible*, with Esmé Schwall Weigand (New York: Scribner, 2018).
8. Susan A. David, *Emotional Agility: Get Unstuck, Embrace Change, and Thrive in Work and Life* (New York: Avery, 2016).
9. Bryan E. Robinson, "The 90-Second Rule That Builds Self-Control," *Psychology Today*, accessed June 12, 2022, https://www.psychologytoday.com/ca/blog/the-right-mindset/202004/the-90-second-rule-builds-self-control.

第 4 章　建立自信

1. Tara Westover, *Educated: A Memoir* (New York: Random House, 2018).
2. Mihika Agarwal, "Attacked with Acid at Two-Months-Old, Anmol

2. Haruki Murakami, "The Art of Fiction No. 182," interview by John Wray, *Paris Review*, no. 170 (Summer 2004), https://www.theparisreview.org/interviews/2/the-art-of-fiction-no-182-haruki-murakami.
3. "Study Shows a Pre-Game Routine Can Boost an Athlete's Performance," *Medical Xpress*, November 29, 2021. https://medicalxpress.com/news/2021-11-pre-game-routine-boost-athlete.html, accessed June 11, 2022.
4. Carol S. Dweck, *Mindset: The New Psychology of Success* (New York: Ballantine Books, 2008).
5. Guang Zeng, Hanchao Hou, and Kaiping Peng, "Effect of Growth Mindset on School Engagement and Psychological Well-Being of Chinese Primary and Middle School Students: The Mediating Role of Resilience," *Frontiers in Psychology 7* (2016), https://doi.org/10.3389/fpsyg.2016.01873.
6. James Clear, "How to Build a New Habit: This Is Your Strategy Guide," JamesClear .com, July 18, 2014, https://jamesclear.com/habit-guide.

第 3 章　面對你的情緒

1. Laith Al-Shawaf, Daniel Conroy-Beam, Kelly Asao, and David M. Buss, "Human Emotions: An Evolutionary Psychological Perspective," *Emotion Review* 8, no. 2 (April 2016): 173–86, https://doi.org/10.1177/1754073914565518.
2. Emiliya Zhivotovskaya, "The Many Gifts of Positive Emotions," The Flourishing Center, June 9, 2015, https://theflourishingcenter.

・附注 Notes ・

第 1 章　選擇你的想法

1. Marcus Aurelius (Emperor of Rome), *The Meditations of Marcus Aurelius* (Boston: Shambhala, 1993).
2. Amrisha Vaish, Tobias Grossmann, and Amanda Woodward, "Not All Emotions Are Created Equal: The Negativity Bias in Social-Emotional Development," *Psychological Bulletin* 134, no. 3 (May 2008): 383–403. https://doi.org/10.1037/0033-2909.134.3.383.
3. Verywell Mind, "What Is the Negativity Bias?" https://www.verywellmind.com/negative-bias-4589618, accessed June 10, 2022.
4. The Strive Team, "What Are Affirmations & Why Should You Use Them?," *The STRIVE* (blog), August 18, 2021. https://thestrive.co/what-are-affirmations/.

第 2 章　調整成功心態

1. Benjamin Enrique and Blaine McCormick, *Ben Franklin: America's Original Entrepreneur* (Irvine, CA: Entrepreneur Press, 2005).

人生顧問 488

超越人性的弱點，遇見更好的自己：卡內基教你建立內在力量、打造舒適關係、活出你自己

作　者—喬．哈特（Joe Hart）、麥可．克羅姆（Michael Crom）
譯　者—蕭美惠
副總編輯—陳家仁
編　輯—黃凱怡
企　劃—藍秋惠
編輯協力—曹凱婷
封面設計—木木 lin
內頁設計—李宜芝

總 編 輯—胡金倫
董 事 長—趙政岷
出 版 者—時報文化出版企業股份有限公司
108019 台北市和平西路三段 240 號 4 樓
發行專線—(02)2306-6842
讀者服務專線—0800-231-705．(02)2304-7103
讀者服務傳真—(02)2304-6858
郵撥—19344724 時報文化出版公司
信箱—10899 臺北華江橋郵局第 99 信箱
時報悅讀網—http://www.readingtimes.com.tw
法律顧問—理律法律事務所 陳長文律師、李念祖律師
印　刷—勁達印刷有限公司
初版一刷—二〇二三年六月二日
定　價—新台幣四五〇元
（缺頁或破損的書，請寄回更換）

時報文化出版公司成立於一九七五年，
並於一九九九年股票上櫃公開發行，於二〇〇八年脫離中時集團非屬旺中，
以「尊重智慧與創意的文化事業」為信念。

超越人性的弱點，遇見更好的自己：卡內基教你建立內在力量、打造舒適關係、活出你自己 / 喬．哈特 (Joe Hart), 麥可．克羅姆 (Michael Crom) 作；蕭美惠譯. -- 初版. -- 臺北市：時報文化出版企業股份有限公司, 2023.06
352 面；14.8×21 公分. -- (人生顧問；488)
譯自：Take command : find your inner strength, build enduring relationships, and live the life you want.

ISBN 978-626-353-856-6(平裝)

1. 自我實現 2. 生活指導 3. 成功法

177.2　　112007050

ISBN 978-626-353-856-6
Printed in Taiwan